王友林 ◎ 著

我的三十年创业感悟

復旦大學出版社

作者简介

　　王友林,康力电梯股份有限公司党委书记、董事长。男,1963年5月生,苏州市吴江区人,大学学历,正高级工程师、正高级经济师。1993年下海创业,1997年创立康力电梯有限公司。

王友林荣誉、社会职务、著作成果

- 2007 年　苏州市首届创业苏州魅力总裁
- 2007 年　苏州市关爱员工优秀民营企业家
- 2009 年　江苏省优秀企业家
- 2010 年　中国行业自主创新十大优秀企业家
- 2010 年　中国经营管理创新杰出贡献奖
- 2010 年　苏州市十佳魅力科技人物
- 2010 年　苏州市优秀中国特色社会主义事业建设者
- 2012 年　苏州市慈善楷模
- 2012 年　国务院授予"全国就业创业优秀个人"称号
- 2014 年　江苏省优秀民营企业家
- 2015 年　全国优秀诚信企业家
- 2016 年　江苏新经济领军人物
- 2017 年　江苏制造融合创新发展优秀企业家
- 2017 年　江苏省优秀中国特色社会主义事业建设者
- 2017 年　2016-2017 年度苏商富民强省新领军者
- 2017 年　中国上市公司实业领袖奖
- 2017 年　苏商智能制造领军人物
- 2020 年　2020 苏商数字化转型领军人物
- 2021 年　苏商实业强国突出贡献奖
- 2022 年　苏州光彩事业杰出贡献奖

- ◆ 江苏省人大代表、苏州市人大代表、苏州市党代表、吴江区党代表
- ◆ 中国国际商会副会长
- ◆ 中国国际经济交流中心理事
- ◆ 中国电梯协会副会长
- ◆ 江苏省工商联执委
- ◆ 江苏省苏商发展促进会副会长
- ◆ 苏州市工商联副会长
- ◆ 苏州市电梯业商会会长
- ◆ 苏州轨道交通产业协会会长
- ◆ 苏州市体育总会副主席、苏州市游泳协会主席
- ◆ 苏州市吴江区汾湖总商会会长
- ◆ 苏州市吴江区电梯行业协会会长

- ◆《求索》作者　复旦大学出版社（2012年10月出版）
- ◆《康力电梯志》编委会主任　复旦大学出版社（2020年11月出版）

序一：历征程、立宏业、励远行

我的挚友、康力集团董事长王友林君三十年创业，三十年坚持，三十年创新，留下了一个个坚定的脚印，走出了一条条自强的道路，创造了一叠叠厚重的业绩，实现了一串串美丽的"康力梦"。

友林君的《求真——我的三十年创业感悟》，写出了"三十之历程，三十之立业，三十之励志"的华章，经千锤百炼而悟出"责任""坚持""创新"六字真经。这是一个坚持初心、怀揣梦想、不断奋斗、努力创新的民族企业用生命的足迹镌写的真章，更是一个曾用三轮车送货、一步一个脚印、洒下无数汗水、迎来朝阳满天的民族企业家用心路历程刻印的真章。

"康力梦"是中国梦奔腾汹涌大潮中的一朵浪花，这朵浪花所激荡起的涟漪，多么美丽动人，多么感人心怀，多么催人奋进！友林君的坚毅、坚定、坚守，是中国无数民族企业家精神的一个缩影，这个缩影所投射的光芒，多么让人感动，多么使人激动，多么催人行动！看着他们坚强的背影，跟随他们走过的道路，融入他们追求的精神，超越他们曾经的业绩，这是一代又一代中国人实现中国梦、完成中华民族伟大复兴事业、使中国真正成为社会主义现代化强国的必然之选。

  历经艰辛，三十而立，宏业辉煌。然过往皆为序章，重要的是总结经验、提炼理念，励志远行。企业生命长青的秘密在于企业精神，而企业精神的核心理念往往由企业领袖的哲学理念所决定。这就是友林君为什么要写这本书，这就是友林君为什么要分享他的所思所为所成，这就是为什么我们都要深入思考一个重大命题：中国的民族企业何以成就百年千年之伟业？中国的民族企业何以矗立于世界企业之林，傲视全球同业群山？

  "康力梦"就是这样的梦！友林君的梦就是这样的梦！

  是为此书读后感怀，谨录之为序，以附友林君之精气神，亦为所有追梦人高声呐喊。

王卓君

曾任东南大学党委副书记副校长、

南京工业大学党委书记、苏州大学党委书记

2023 年 9 月 15 日

序二：永远在路上

电梯产业是汾湖的支柱产业，而汾湖的电梯产业中最引人瞩目的企业就是康力电梯。提到汾湖，很少有人不知道康力电梯，也很少有人不知道王友林董事长。从1993年以2万元开始草根创业，到如今把康力电梯股份有限公司发展成为全球电梯行业的Top10，友林30年来筚路蓝缕、坚忍不拔，走出了一条创业、创新、创造的企业家成长之路。

创业路上充满艰辛。而立之年的友林，在邓小平同志南方谈话的激励下只身下海，面对"四无"境况（无资金、无技术、无厂房、无订单），以"四千"精神（千辛万苦、千言万语、千山万水、千方百计）克服重重困难，勇往直前。

创新路上敢为人先。得益于友林的锐意进取和大胆创新，"敢于吃螃蟹"的康力电梯攻破了高速电梯技术壁垒，打破了外资林立的行业格局，成为中国电梯行业第一家整机上市企业，先后荣获全国建设机械与电梯行业质量金奖、苏州市市长质量奖、江苏省质量奖，不断刷新民族品牌的发展高度。

创造路上奋楫笃行。友林对事业有着远大的抱负和理想，他也对我说过，"梦想，就是坚持"。但梦想不是空想，是脚踏实地、一步一个脚印干出来的。作为中国民族电梯品牌的领头人，友林坚持奉行长期主义，在产业技术的革新上长耕不辍，在现代化管理制度的变革上率先垂范。正所谓："九层之台，起于累土；千里之行，始于足下。"

回首康力电梯26年的峥嵘岁月，它所在的这片258平方千米土地也同样经历了沧桑巨变——5个乡镇合并成立省级汾湖经济开发区，再更名设立省级高新区，最后成为长三角一体化发展国家战略的先行启动区。汾湖和康力电梯一起，披荆斩棘、奋勇前行，走出了一条漫漫长征路。

我相信，康力电梯会越来越好。我也相信，在我们这片创业热土上，会出现越来越多像友林和康力电梯一样的优秀民族企业家和优秀民族企业。

以此谨为友林之《求真——我的三十年创业感悟》序言。

张炳高

吴江区委常委，汾湖高新区党工委书记、管委会主任

2023年9月15日

目录

1 第一部分 001
求真,三十而立再出发
——我的创业感悟 003

2 第二部分 025
在康力电梯15周年庆典大会上的讲话 027
在康力电梯20周年庆典——新产品发布会暨试验
 塔落成典礼上的讲话 039
十年蝶变　不忘初心　砥砺奋进　无问西东
——康力电梯上市十年发展回眸 048
在推行公司变革、实现业绩倍增启动大会上的讲话 060
笃定相信,玉汝于成
——康力电梯25周年,致全体员工的一封信 067

3 第三部分 075
王友林:打造中国电梯第一股 /《江苏经济报》 077
康力电梯王友林董事长:提供亲人般乘坐的电梯 /
 《董事会》杂志 084

沉着应对　防患未然　坚持初心　扎实奋进
　　——浅谈疫情下的康力与电梯制造业 / 王友林　　092
承载人与梦想　锻造世界品牌
　　——康力变革与王友林雄心 /《电梯》杂志　　111

4 第四部分　　127
王友林经营、管理妙语　　129

5 第五部分　　133
康力电梯 2021 年变革以来的文化及解读　　135
康力电梯股份有限公司发展历程　　143

出版寄语　　153
胸怀家国　再创辉煌 / 强永昌　　155
向上，向前，向好，向强 / 范厚华　　156
乘风破浪，继往开来 / 侯宝佳　　158
筚路蓝缕，玉汝于成 / 凌晓仙　　160
致敬与感恩 / 朱琳懿　　161
永远是出发者 / 朱琳昊　　162

Part One

第一部分

求真，三十而立再出发

——我的创业感悟

王友林

2023年是我下海创业30周年（1993年9月—2023年9月），白驹过隙，岁月如歌，今年也是康力公司成立的第26年。往事浮现，万千感慨！回顾峥嵘岁月，内心波涛汹涌，激动和感恩之情难以言表。30年，我与全体康力人步履铿锵、须臾不停，有敢为人先之举，也难免有失之交臂的遗憾，所有的成绩都体现在我们的勇毅奋斗和行动中。总体而言，我们遵循常识逻辑，坚持知行合一的哲学思维，始终走在向上、向前、向好、向强的正确道路上。

"成长"是对我这30年最好的概括，"感恩"是康力对一路上收获的理解、支持和信任最想表达的情感。感谢改革开放的时代浪潮，让康力从初生萌芽成长到今天的枝繁叶茂，助力康力一路壮大，成为时代的受益者；感谢各级政府领导的关怀帮助，鼓励康力勇于争锋，成为时代使命的践行者；感谢康力全体员工风雨同舟，全情付出、无怨无悔，缔

康力电梯总部全景俯瞰

造了辉煌；感谢广大用户青睐有加，信赖康力、选择康力，让"康力梦"随时代步伐远行；感谢各位股东及合作伙伴一路同行，共生共荣、共创共赢，助康力成为国产电梯的璀璨之星；感谢友人、同学、产学研组织、行业商会协会及媒体界的关心、关注、支持，帮助我事业发展；感谢我的家人，一路走来，对我创业、工作充分理解、全力支持。30年来康力的高光时刻，是因大家关爱而汇聚的无数道光彩。企业发展之路从来不会一帆风顺，但是我们通过行动证明，只要我们坚守服务用户的初心，就能汇聚万千爱的力量，经得住市场竞争的检验，"星光微弱"，也能照亮一方天地。

三十而"厉"，不忘初心；三十而"励"，踔厉奋发；三十而"立"，笃行致远。奋进三十载谱写华章，筑梦兴业启航再出发。

凡是过往，皆为序章。回眸过往，总结感悟，这一切都是为了康力人继续勇毅前行，都是为了康力未来高质量、可持续成长，都是为了康力人更加坚定地在"以客户为中心，以奋斗者为本，长期艰苦奋斗，坚持自我改进"的价值观引领下，更好地肩负起"提升用户体验，锻造世界品牌，赋能产业生态"的使命，阔步稳健实现"承载人与梦想，丰富智慧生活"的长期愿景。

30年，对于我与康力做对了什么，坚持了什么，什么是康力在持续成长、高质量发展中坚持的原则与路径遵循等，思考与感悟很多，但毋庸置疑，最关键的就是创业精神，它是责任，是坚持，更是挑战不可能的创新精神。

一、责任：就是要把中国品牌做到世界前列

1."中国梦，康力梦"

"不止电梯，还有梦想"，我们因梦想而伟大，所有的成功者都是大梦想家。乔布斯曾说："想成功，就要把梦做得大一点。"我曾多次谈道："什么是康力梦？就是一直坚持把中国品牌做到世界前列。"康力梦是我们共筑的宏伟大梦，是每一个康力人一步一个脚印、坚持长期主义追求幸福的旅程，其最深的根基在每个康力人心中。想当初，新达配件在全国电扶梯配件行业中独树一帜，我当时的梦想就是一定要做整机，一个电梯企业如果没有整机制造，它的产业链就是不完整的。多少人心里都为我捏了一把汗，获得整机厂制造、安装资质的过程一波三折，我几乎跑断腿、踏破门槛，好在后来整机上马。1999年，在广东—深圳交通枢纽（石龙

火车站）安装了两台公共交通型双驱动扶梯，为千万旅客提供便捷、稳定的服务，填补了国内公共交通型双驱动扶梯的空白。2003年，湖南"衡阳第一高楼"永兴阁大厦3台2米/秒电梯（35层）交付使用，开创了国产电梯用于高层建筑的先河。自此，国内外市场迅速打开。很快，康力电梯走出国门，在国外市场小试牛刀，崭露头角。2001年，公司开始出口，当年即与印尼有关方面签订金额达2 800万的订单合同。2006年，康力进军韩国地铁市场，我在韩国召开了康力电梯韩国市场推介说明会，考察韩国大田地铁、光州地铁等工地，成功签订123台扶梯供货合同；至今，康力在韩国地铁累计安装了扶梯1 300余台，是韩国市场的重要供应商。

湖南"衡阳第一高楼"永兴阁大厦

2006年，康力进军韩国地铁市场

统计显示，2005—2006 年，康力电梯各项主要数据、指标均位居中国电梯行业内资企业第一，先后创造了国产电梯"第一高度""第一速度""试验塔第一高度"3 个"中国第一"。一个梦圆了，又一个梦孕育而生，从我们挑战高速梯和超高速电梯，再到这些年在轨交领域的异军突起、遍地开花，我们就是抱着一种永不放弃的筑梦信念。我是一个吃草根长大的孩子，不怕再吃一次草根，艰苦奋斗从来就是中华儿女的传统美德，也就是在这样敢想、敢为、无惧失败、无畏劳苦、无问西东的信仰中，我们大胆筹划、小心求证，我相信时间回馈的终将是锦鲤，结果肯定比当初最差的预期好得多，我们要迎难而上、继往开来。

今天的康力重研发、重设计、精制造、精服务，已然冲破外资品牌的封堵，拿出了拳头产品，不再受制于人，从曾经由个人成立的一家电梯厂到今天的中国品牌典范，创造了一个又一个第一：2009—2010 年，贵阳世纪城金源大饭店、长沙湘江世纪城大饭店、安徽合肥世纪城金源大饭店、合肥北城金源大饭店开业共安装 32 台 4 米 / 秒群控电梯，成功填补了贵州、安徽、湖南群控电梯市场空白，创造了第一；2011 年 10 月，上海龙之梦雅仕大厦安装 6 台 6 米 / 秒和 6 台 4 米 / 秒群控电梯，填补了国产高速电梯空白。这些项目的场景化解决方案，成为早期国产替代经典案例，为国家节约了大量外汇，践行了快速交付的宗旨，并与用户资金成本和全生命周期维护成本管控需求高度适配，外资企业也因此看到了国内研发生产的诸多裨益，纷纷效仿康力，加快布局。此举意义深远，对国家和中国电梯行业的发展起到积极

贵阳世纪城金源大饭店

上海龙之梦雅仕大厦

作用。而今，288 米全球第一高试验塔耸立在长三角生态绿色一体化示范区，10 米/秒超高速电梯、8 米/秒双轿厢电梯、12 吨货梯、5 米/秒观光梯、50 米大高度自动扶梯更新迭代，不断打造多个行业第一，引领电梯行业不断前行。我兴叹："苏州一塔入云霄，科技含量创新高，拾米梯速即可到，中国电梯康力造。"2020 年 12 月 27 日，公司举办全球代理商会议，特邀嘉宾上海长峰集团董事长、"龙之梦"掌门人童锦泉在演讲中谈到自己"龙的传人"梦想与康力合作的不解之缘，同根同源，惺惺相惜，"中国兄弟"的梦想和情怀里，蕴含了对中国品牌勇气和担当的赞誉，以及攻关背后"百战多"的感慨。从 2009 年开始合作至今，上海长峰集团共计与康力合作 1 500 多台电梯，项目涵盖了五星级酒店、高档写字楼、城市综合体、旅游景区等重要场所。童锦泉董事长是一位颇具传奇色彩的老板，从 15 岁创业到现在，已经有55年创业经历,可谓中国企业家群体中的"常青树"。他深情地说,我们要明白,站在当前世界百年未有之大变局下,全面实现中国电梯品牌的伟大复兴,把中国品牌做大乃至做到世界前列,需要开拓创新,要敢做吃螃蟹的第一人,世上本没有路,走的人多了也便成了路,有了敢走的人,路也就有了起点,我们责无旁贷,薪火相传中国梦,玉汝于成承百年。这番话,于我心有戚戚焉!

康力电梯288米高试验塔

2. 高质量国产替代

为响应国家重大发展战略需求,秉持"高质量国产替代"创新理念,推动发展全球领先的重大关键技术,解决行业"卡脖子"的各种难题，康力已经实现了"技术完全自主可控"和"部件100%国产化"两个里程碑，基于"中国芯，康力芯"，实现了电梯关键技术从跟跑、并跑到最终领跑。聚焦客户，充分理解客户需求，提升电梯全生命周期系统服务解决方案的综合能力，公司持续加大行业领域前沿技术创新投入，加快高质量国产替代，通过源源不断地提供高质量的产品，不断满足人民日益增长的美好生活需要。近年来，轨道交通市场的公共交通型重载扶梯 KLXF 持续领跑中国轨交电扶梯市场，中标项目数量、中标总金额和总台量等关键指标均高居行业第一，截至 2023 年 9 月底，公司累计中标国内外轨道类项目 158 个，其中国内 123 个，国外 35 个；以高质量的中国品牌声誉，为国家重点场所提供产品和服务（如今年的"324"项目和"524"项目）；以行业领先的高速梯技术驰名海内外，服务高端项目。未来新梯业务仍然作为公司长期发展的基本盘，贯彻深化覆盖，持续优化打法，确保新梯业务保持高质量增长，同时加快构建面向全电梯品牌的后服务市场能力。"要做，就做到最好"是我常挂在嘴边的一句话，康力要继续做国产高质量替代的长期主义者，不断向标杆企业看齐，为客户创造更大价值，为企业赢得更多增值，实现高质量国产替代向高质量国产创造转变。

二、坚持：就是永不放弃

"乐观者最终成功，悲观者经常正确。"因为相信，所以坚持；因为坚持，所以看见。乐观不是成功的充分条件，但肯定是必要条件，我们能做的就是看见确定的未来，只要路是对的，就要坚定不移地走下去，永不放弃，让使命和担当成为自身内驱动力。

1. 乐观，因为相信，所以看见

21世纪初，随着中国经济和房地产市场的快速发展，电梯行业外资企业在中国市场进行"围猎"和"绞杀"，不仅在产品市场利用品牌优势打压年轻的中国品牌，更是不断地用资本优势收购众多优质的中国品牌，企图不断扩大在中国市场的垄断份额。秉承自主品牌、产业报国的初心，我坚决选择了自主发展和企业上市的艰难路径，坚决把企图资本收购的外企挡在门外。"读书要读到博士，企业要做到上市"，即使破釜沉舟、壮士断腕，也要上市。很多企业对上市这一"炼狱"般的过程心有余悸，而我乐观地认为，康力"进京赶考"带给我们的是一次脱胎换骨的价值提升。诚如所愿，2010年3月12日，康力电梯成功登陆深交所A股，中国资本市场开始有了电梯板块，又创造了一个第一，"002367"与"康力电梯"牢牢联系在一起。康力电梯破茧成蝶，开启了引领中国品牌、持续成长、高质量发展的快车道。这段记忆印刻在每个康力人的记忆深处。

2011年12月，康力技术中心被五部委联合认定为"国家认定企业技术中心"，这次晋级"国家队"，代表公司技术研发得到国家的认定和支持，这是公司发展历程中又一个里程碑，我曾说，它的意义是不亚于上市的第二次"大考"。

2010年3月12日，康力电梯成功登陆深交所A股

国家认定企业技术中心

为能够跃升进入"国家队",我7年前(2004年)三上北京、三上南京,顺利通过由原建设部科技司组织的产品鉴定会,这是康力争取高新技术企业认定的基础条件。由于这一次的坚持不懈,我们成功改变了科技部认定高新技术企业的政策标准,重点聚焦在企业是否达到高新技术条件,而不再拘泥于企业是否在高新园区内,这个案例开创了先河,在康力史乃至国家有关领域史上都留下了浓重的印迹。依托国家企业技术中心平台优势,康力在行业中率先成功研发7.0米/秒高速乘客电梯和10米/秒高速乘客电梯,进一步推动行业核心技术发展,解决了电梯行业的痛点和难点,并打破外资垄断,成为行业尖兵。

我就像渔夫,虽然不知道鱼在哪里,却依然选择出发,相信会满载而归,因为选择了才有机会,相信了才有可能。起初我并不知道路在哪儿,只是走着走着一切都渐渐明晰。30年践行,确实是因为相信,所以看见——相信自己,相信团队,相信信念,相信做出的选择,相信走过的路,相信暂时未能触碰到但终究一定会抵达的未来。

2. 坚韧志恒,创造内生动力

我们知道"脆性、塑性、刚性"模型,实际上,刚性很重要。创业30年,我与康力有内化于心、外化于形的刚性法则。一是坚守初心、坚韧志恒。有不少人曾经对我说,电梯行业不是一个好行业,劝我另寻赛道,我不认同。做好主营业务,是一个企业的立身之本。我说,没有不好的行业,只有不好的企业。即便面临宏观危机,我们也没有放弃主业,如今电梯行业转型周期来临，国家基建投资加大，增量市场大有可为，海外市场需求扩大，更新梯、改造梯存量市场前景可观，我们更没有理由放弃。"转型不转行，升级不跳级。"2023年营销会上，我曾和大家强调，电梯行业是个好行业，未来康力会专注主业，挖掘主营潜力，一心只做好电梯。二是诚信。当年我骑着三轮车送货创业，和客户讲好哪天送货，无论刮风下雨都会把货送到，从那时起，创业中诚信的信念已然在心中种下。30年来，一如既往，如今想要把公司做成百年老店，支撑我们走下去的还是诚信经营，无论环境如何艰苦、市场多么严峻，诚信让我们获得了市场，赢得了口碑，拥有了"筚路蓝缕、披荆斩棘"的康力精神意义。三是责任。《雷锋日记》中有这样一句话："如果你是一滴水，你是否滋润了一寸土地？如果你是一线阳光，你是否照亮了一分黑暗？"企业家的责任是什么？我想，首先是把所管理的企业经营好，肩负起民族振兴的使命，带领员工走向幸福，反哺员工。其次是信守"得益社会、回馈社会、共享财富"理念。康力坚持利他，在做产品和服务方案时，必须站在客户的立场为客户着想，最大限度地提供高性价比方案，不发投机财，把财富回馈给合作伙伴，把实惠带给用户，确保客户利益最大化，反哺合作伙伴和用户。对于友商，我们坚持竞合，不搞零和，共同促进电梯行业人与自然和谐创新，努力赋能产业生态，反哺行业。最后是维护股民利益，诚信纳税，踏实投身社会慈善事业，不作秀、不投机，严格以合格和优秀上市公司、企业公民的标准要求自身，把社会责任融入公司的整体发展格局，反哺社会。创业以来，累计纳税近40亿元；上市13年，康力

下海时的三轮车

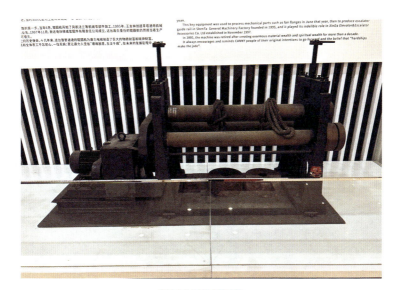

刚创业时的辊圆机

累计分红超 29 亿元；多次获得"纳税大户"荣誉称号；就业人数 5 000 余人，上下游供应链（供应商、安装分包单位、维保人员等）就业人员 25 000 余人；公司与我累计捐款、捐物金额合计超过 1.5 亿元，其中个人捐助超过 1 900 万元。

企业还小时，它是个人的；企业大了，它就是国家的，甚至是民族的。大企业要有大企业的担当，我们要以使命和担当回馈社会。做公益仅仅是一种形式，我们要将企业资源融入公益，身体力行投身公益，为推动双循环、乡村振兴等国家重大战略贡献力量。

坚韧志恒、诚信、责任，是刚性也是韧性，是公司长久发展的护城河，我们本是一棵小苗，要练就对抗风雨、转危为安的能力，成长为一棵小铁树。铁树终会开花，它们是康力电梯逆境中快速恢复、化解危机的唯一内生动力，成为重重砸向地板的强大内生力量。

朱琳昊总裁受邀出席"一带一路"企业家大会

三、创新：就是挑战不可能

1. 文化创新

企业文化是企业的"根"，根深才能叶茂，根深才能常青。企业文化不是空洞的存在，回顾我创业 30 年来的过往，康力能有今天，正是源于不忘初心，以文化引领二次创业，康力独特的企业文化赋予公司生命力。2003 年，我们以"以人为本，顾客至上，服务社会"作为核心价值观，经历几次文化理念里程碑式的创新："用户满意，员工成长，企业发展，社会认可"；"世界品牌，中国领跑"，"世界品牌，基业长青"，"为用户提供亲人般乘坐的电梯和卓越的服务"；"承载人和万物，丰富智慧生活"（愿景），"提升用户体验，锻造世界品牌，赋能产业生态"（使命），"以客户为中心，以奋斗者为本，长期艰苦奋斗，坚持自我改进"（核心价值观）。从文化的变迁中不难看出，我们没有沉醉在过去的成功逻辑中，克服了思维固化和想象力的缺失，挑战习惯，诠释着变与不变。变的是梦想的升华，不同阶段有不同的梦想，不同的梦想有不同的色彩；不变的是对企业文化的价值整合，企业家文化、员工文化、客户文化贯穿始终，不变的是为客户创造价值的宏愿，不变的是通向成功的方法。2012 年 10 月，公司举行隆重的 15 周年庆典；同月，我撰写的《求索》一书由复旦大学出版社正式出版，将自己的创业思考和前瞻性的探索与民营企业家和公司各位同人分享，以共同求索。2017 年 9 月，在康力 20 周年庆典上我曾讲："与电梯结缘，电梯成了我的全部，20 年来我全身心地投入企业的建设和发展，真正把企业当作自己的家,把员工当作自己的家人,8 小时上班以外,跑了 200 万千米的飞机里程和 60 万千米的汽车路程。"康力的员工又何尝不是如此,"以客户为中心"早已融入康力血脉,成为康力本色。2020 年 11 月,复旦大学出版社出版《康力电梯志(1993—2018)》,我们通过总结和回顾创业历程,记住历史,展望未来。身处迭代升级的年代,康力既看到变化,苟日新、日日新、又日新,基于事实的创新和应变从来都是企业立于不败之地的不二法则,又看到变化中的不变,不忘初心,坚守价值信念。承载人与万物,丰富智慧生活,是我们的愿景。

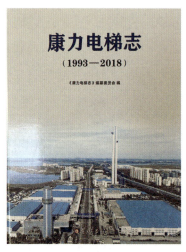

《康力电梯志(1993—2018)》

《求索》

2. 技术创新

创新不是依靠生产要素增加扩大规模从而实现利润增长的思维定式,不是以攫取利润为目的的短期投资,更不是简单地模仿国外技术，关键是将核心技术的创新理念摆在公司发展的重要位置，孜孜不倦，扎实搞创新，挑战自我、挑战不可能，以用户需求驱动产品上市，不断满足人民对美好生活的迫切需求。"为天门山造天梯"项目是电梯史上挑战不可能的巅峰之作。2012 年，来自日本、欧洲、美国等国家和地区的世界重量级电梯"巨无霸"云集张家界，面对雄关险隘，有专家提出借助直升机辅助作业的构想，但竞标方案一个个被否决。在看似不可能克服的困难面前，我带领康力团队几经实地考察，为客户提供了有中国特色的解决方案，共交付 36 台大高度重载公交型自动扶梯（还有 5 台在交付中），成功解决了天门山高海拔潮湿环境、大提升高度、大水平跨距、99 道弯曲山路难运输、悬崖山体难吊运、山体隧道难安

张家界天门山天门洞

装等技术和工程难题以及游客上下山疲劳、生命安全通道等问题，又创造了一个第一。该项目投入运行后，以 6 000 人/小时、客流吞吐量 72 000 人/天的输送能力，为景区增加了 4 倍以上的客流量，为张家界旅游景区提供了更安全、更便捷、更舒适的客流解决方案，大幅提高了天门山旅游公司的

康力电梯天门山自动扶梯工程

经济效益。

"为天门山造天梯"项目，同时创造了 6 个"世界之最"，是环境最险恶、工程最艰巨、施工难度最大、总提升高度最高、梯级运行总长度最长、最具创意的高海拔山体隧道自动扶梯。《电梯世界》(*Elevator World*)授予康力电梯天门山自动扶梯工程 2015 年度"电梯世界工程奖""安装自动扶梯一等奖"等殊荣。这是中国民族电梯品牌首次获此荣誉，康力电梯再创行业第一纪录，成就了中国品牌唯一殊荣。

要具有创新思维，必须为客户梳理需求，真正帮助客户实现商业价值，突破"卡脖子"技术难题，这才是真正的突破之举，变不可能为可能。

3. 管理创新

"不拥抱变化就会变得僵化，不改变自身就会被时代打败"，公司自成立以来就非常重视管理理念创新，我们从学习、借鉴先进标杆经验的初始模仿，转向构建具有康力特色理念的创新，始终以创业者状态再出发。以质量管理思想为例：自 1997 年起，我们在公司范围内有序引入 ISO9000、零缺陷、卓越绩效管理等先进理念；自 2016 年起，公司质量管理理念冲破传统，开启全面创新之路，先后推出了涵盖八大体系、五大安全、七大质量、六大节能的 SSQS 质量管理模式；在 2023 年冲刺中国质量奖的过程中，康力充分研究《质量强国建设纲要》，全新打造了"充分沟通，均衡适配，平稳上升"的质量管理模式，该模式首次将沟通纳入质量管理体系，以市场和顾客需求为起点，不断通过目标、成果、反馈的沟通循环,追求零缺陷,追求第一次就把事情做对,以数据为驱动,不仅打通产品和服务全生命周期的数据链,还打通上下游数据,驱动从供应商到客户的全供应链,实现协同质量管理和不断优化提升。围绕社会需求、用户需求、企业需求均衡适配资源、方法、体系、工具,驱动中国电梯自主品牌的质量能力、创新能力、品牌影响力和效益平稳上升,满足人民美好生活需要,引领客户需求,实现可持续发展。很多年前,我就常告诉康力的工程人员:"电梯是个怪物,三分靠制造,七分靠安装,过程中要沟通,沟通,再沟通。"沟通到位是适配用户需求的有力保障,这与我的总结判断不谋而合,在众多企业质量管理模式中独树一帜。

三个春天的故事,不断进行管理变革。1992年,88岁的邓小平进行南方之行,为中国走上中国特色社会主义市场经济发展道路奠定了思想基础。乘着改革的春风,我1993年下海创业,开启康力筚路蓝缕的春天。2010年3月12日,康力成功登陆深交所A股,中国资本市场开始有了电梯板块,康力开启了第二个春天的故事。2021年3月28日,康力启动全方位变革,更是史无前例的一次大提升,开启第三个春天的故事,夯实了面向未来持续高质量发展的管理根基。企业组织会熵增,流程制度会过时,组织可能不适应业务,人员知识结构会落后,质量提升无处不在,管理呼唤创新,只有不断变革,优化组织、制度、规则、流程、管理,运营管理畅通,公司战略、文化才能切实落地。

管理变革的成功离不开我们克服困难、勇往直前的勇气。困难,冲不破是关卡,冲破了就是坦途,我们善于从危机困难中捕捉和创造机遇，增强化险为夷、化危为机的能力，在与困难挑战的正面交锋中，占据主动、赢得先机。管理变革呼唤我们以创业精神再出发，穿越行业周期，披荆斩棘、筚路蓝缕是永远需要的。当前，康力的全体员工紧紧围绕"七个方面"，发扬创业精神，前线员工肩负起"开足马力抢订单"的使命，承担效率变革的责任，通过一系列精细化管理手段，实现控费用、提人效的目标，建立精准的预测体系；发挥好成本集约优势，安装招标落地；抓住电梯后服务市场蓝海发展机遇，发挥康力的网络优势和制造优势；践行应收账款常态化高压管理；牢记安全第一，守好安全底线。

30年，一代人的拼搏，经历的、治理的、笃行的故事不胜枚举。如今，公司站在时代前沿，产业向纵深发展，在营销拓展、技术创新、制造精益、物流拓展、基础管理夯实等各方面取得了长足进步，获益良多，看得到、数得出来的是一件件公司大事，看不到、蕴藏在内核的则是贯穿始终的康力精神。一直以来，战战兢兢、如履薄冰、居安思危，是我真实的内心写照。

岁月留痕，30年的下海创业之路带来很多感悟与认知。总体而言，秉持中国国产品牌的初心梦想，持之以恒，目标坚定，相信信念和信仰的力量，时刻敬畏创业之下的事业与工作，时刻敬畏和遵循常识、规律、规则，在大道至简理念指引下，须臾不停歇、日日有精进，我们一直奔跑在路上。展望未来，乘风破浪，未来可期，让我们不负时代、不负自己，以责任、坚持和创新的创业精神，共筑美好的"康力梦"，共创美好生活。

Part Two

第二部分

在康力电梯 15 周年庆典大会上的讲话

王友林

2012 年 9 月 28 日

金秋送爽，丹桂飘香。今天，康力电梯高朋满座，令我们的阶梯教室蓬荜生辉！我们在这里简朴而隆重地庆祝康力电梯股份有限公司成立 15 周年。回望风雨兼程的 15 年，此时此刻，我格外兴奋与激动，感慨颇多。在这里，我首先谨代

公司成立 15 周年庆祝大会

表康力电梯股份有限公司对各级政府、各级领导、行业领导、全体用户、电梯界同人、公司代理商、公司供应商、新闻界的朋友长期以来对康力电梯成长、发展以及我本人的关心、支持与帮助，表示最热烈、最衷心的感谢！向公司各位股东、公司全体员工、公司各位领导表示最真诚的谢意！同时，我更由衷地感谢各位朋友在百忙中莅临今天的庆祝大会！

1997年，康力电梯在国家深化改革开放的历史潮流下应运而生、拔地而起，康力人以"弘扬民族工业、振兴国产品牌"为己任，通过不断的创新拼搏和品牌建设，在激烈的市场竞争中迅速成长、发展，成为中国电梯业名副其实的民族旗舰品牌，并见证了中国民营企业的顽强崛起。我们始终以谦虚、谨慎的博大胸怀和一往无前的开拓精神"创新，创新，再创新"，为中国电梯工业谱写了自强不息、顽强奋进的壮丽篇章。

公司成立15周年晚会

1997年11月，康力电梯成立之初，注册资本仅128万元人民币，员工仅30人；2012年，康力电梯股份有限公司注册资本达38 067万元，员工有2 600多人。自1997年成立至今，公司生产的各类电梯、扶梯、人行道出厂台数超过80 000。截至2012年6月底，公司总资产为22.94亿元，净资产达到15.08亿元。2011年，公司实现销售收入16.03亿元，预计2012年销售收入将增长30%左右，实现利税3亿元。

经过15年快速稳健的成长并不断优化与深化自主创新，康力终于在外资强者如林的中国乃至世界电梯行业有了自己的一席之地。国家统计局中国行业企业信息发布中心的数据表明，康力电梯销量自2005年起连续7年在全国市场同类产品国产品牌中排名第一。2010年3月12日，公司在深交所成功上市（证券代码：002367），为中国电梯行业首家上市公司。

公司与科研单位、大专院校合作，坚持走产学研结合的道路。2003年4月，公司与中国建筑科学研究院建筑机械化研究分院合作成立了"中国建筑科学研究院建筑机械化研究分院康力电梯研发中心"；2004年11月，公司与南京工业大学电梯研究所合作成立了"南京工业大学康力电梯测试中心"；2009年6月，公司与浙江大学合作成立了"康力电梯-浙江大学院士工作站"。公司建有江苏省认定的"企业技术中心"和"江苏省工程技术研究中心"。2011年11月，公司技术中心被认定为中国电梯行业内资品牌首家"国家认定企业技术中心"，众所周知，这是企业技术创新的最高平台。

2009年,公司与浙江大学合作成立"康力电梯-浙江大学院士工作站"

在成功研发4米/秒多台群控的基础上,2010年,公司成功研发7米/秒超高速电梯,填补了国内空白,为替代进口产品提供了技术支撑,进一步增强了公司技术综合实力。2011年,顺利完成提升高度30米的重载交通型扶梯的开发。

公司注重专利和行业标准建设。截至2012年10月,公司共获授权专利467项,其中发明专利8项,在国产电梯同行中遥遥领先。公司主持制订了国家标准2个,参加编制了国家标准、行业标准5个,同时还制订了35项企业标准;近年来,公司完成35个新产品的鉴定和整机型式试验,2个项目列入国家级火炬计划,1个项目列入江苏省火炬计划,有2项国家重点新产品、7项江苏省高新技术产品、2项江苏省重点新产品、4项国家级科学技术成果鉴定项目、1项江苏省科技成果转化专项资金项目。

打造成为国内领先、国际知名的电梯产品制造商和品牌运营商是康力的发展诉求与梦想,而名副其实、精益求精的产品和完善的工程服务永远是我们的立企之本、成长之基。严格的产品质量标准体系和健全的全员质量制度是我们稳健、快速成长的第一保障。

通过前瞻性的战略规划,我们已经初步建立起东、西、南的发展格局:东部就是我们现在的吴江汾湖总部;南部位于广东省中山市南朗镇(2021年6月,撤镇设立南朗街道办事处),2010年10月,中山广都机电有限公司奠基,2011年7月正式投产;西部位于四川省成都市金堂县成阿工业园,2012年3月,成都康力电梯有限公司奠基,预计2013年1月可投产。

2010年10月,中山广都机电有限公司奠基

刚才,我们举行了康力电梯产业园的奠基仪式,我们将通过产业园不断做大做强我们的核心部件产品;我们还在总

部规划了科技研发大楼,做实、做优、做强康力国家认定企业技术中心,即将动工建设的新试验塔高度为288米,可以测试21米/秒超高速电梯,堪称"中国高度、世界高度、世界速度"。

2012年3月,成都康力电梯有限公司节能电梯产业园奠基

经过15年的努力,我们逐步建立、健全全国及海外营销网络,特别是2010年公司上市后,公司营销网络进一步得到提升。到目前为止,康力在全国已建立22家分公司、15个服务中心、50个维保网点,营销与工程技术管理人员有1 000余人;目前,公司有3个海外事业部,在全球60多个国家和地区建立起营销网络。

用户永远是我们的衣食父母。从2002年起,康力电梯相继与海亮集团、上海长峰集团、远洋地产、碧桂园地产、成都国际会议展览中心、荣盛发展、佛山国际家具城、金辉集团、世纪金源集团、佳源集团、亨通集团、恒达集团、伟业集团、德尔集团、张家界天门山索道公司、绿地集团、镇江城投公司等建立合作伙伴关系。2008年12月，公司承接了苏州市轨道交通一号线全线车站199台自动扶梯工程项目，是中国内资电梯品牌中第一家包揽国内城市轨道交通全线自动扶梯工程的企业，2012年4月底，该工程项目自动扶梯全部投入运行；2012年2月，公司中标苏州轨道交通二号线全线315台自动扶梯。2009年6月，公司中标南昌昌北机场扩建工程自动扶梯、自动人行道采购项目，成为我国内资品牌中第一家中标国内省会以上城市机场（主候机楼）工程的企业。2008年12月，公司获得贵阳世纪金源大饭店4米/秒（提升高度150米）、8台群控高速电梯的订单，是公司及

苏州市轨道交通一号线199台自动扶梯工程签约仪式

中国国产产品取得的第一个 4 米/秒以上高速群控电梯项目。2009 年 6 月，公司与上海长峰地产集团签订 480 台电梯项目。其中，上海龙之梦 6 台 7 米/秒群控高速电梯、4 台 4 米/秒群控电梯已于 2011 年 9 月顺利交付使用；目前，沈阳龙之梦 12 台 7 米/秒高速电梯正在安装、调试阶段。康力产品远销海外，产品已经应用在 60 多个国家和地区。康力的用户和技术已提高到一个崭新层面。

在康力，人才永远是第一资源、第一战略，是科技创新和企业发展的最大支撑。全体康力人严格秉承"用户满意，员工成长，企业发展，社会认可"16 字企业宗旨，以诚信、务实、创新、敬业为企业精神；以"不苦不累，不做康力人；不乐不富，不做康力人"为工作理念，以"多想、多做、多沟通"为团队战斗力，把火车速度原理变为高铁速度原理，努力打造质量一流、服务一流的中大型优秀企业。

截至 2012 年 6 月，公司 2 600 名员工中，大专和本科以上学历的有 1 040 人，占公司人数的三分之一以上，整机厂大专和本科以上员工超过 55%；公司目前有博士、硕士 30 人。2011 年，康力实施了对以科技人才为主的股权激励计划。2012 年，公司拓展并完善人才发展通道，进一步健全和提升了人才建设的选、育、用、留。2012 年 9 月，康力电梯股份有限公司党委纪委成立，目前，公司总部在册党员有 102 名，其中绝大部分党员在公司运营、管理和发展中承担着关键职务。党建引领在公司企业文化和发展中起着越来越重要的作用。

2012 年，我们制订了未来五年发展战略规划："十二五"

期间,康力电梯将继续加大技术研发投入,加快创新发展步伐,认真实施"55321"发展战略。用五年时间,推进实施人才、资本、品牌、信息化和企业文化五大战略,建成"研发创新""生产能力提升和质量监控""营销网络和售后服务"三大体系,努力实现"观念和价值""企业结构形态和运作模式"两大转型,2016年实现产值翻一番以上。

康力电梯"55321"战略规划

1. 五大战略

(1)人才战略:以调整和优化人才结构为主线,坚持"以人为本,共同发展"的人才观念,重点建设管理、技术、营销、生产人才队伍,建立完善的绩效考核指标体系、科学合理的薪酬体系、员工职业生涯体系,预计到2016年,公司将拥有1 000名左右高素质研发、试验、工程人才,其中中高级职称人员占40%以上。

(2)资本战略:利用募集资金,在电梯、扶梯板块,建立稳定的资源供应和销售渠道;在零部件板块,组建部件集团,扩大市场份额;逐步探索延伸产品板块。

(3)品牌战略:以"科技创新,打造品牌"为导向,以

"服务客户,扩大影响"和"引进人才,加强管理"为支撑,努力把康力发展成为具有国际竞争力的电梯综合制造商和品牌运营商。

(4)信息化战略:充分考虑信息化对组织结构产生的深刻影响,将信息化战略与企业业务流程重组相结合,满足企业长期可持续发展的需要。

(5)企业文化战略:建立与优化以"稳健、创新、卓越"为特点的康力企业文化,深入贯彻落实"用户满意,员工成长,企业发展,社会认可"16字康力宗旨,营造"凝聚力工程",推动和实现员工和公司的管理理念和价值观共同转型。

2. 三大体系

(1)研发创新体系:在2~3年内完成10~12米/秒超高速电梯科技成果并实际应用,高起点建设并优化电梯、扶梯关键部件及控制系统等项目;到2016年,公司年研发投入将达到4.5亿元。

(2)生产能力提升和质量监控体系:根据市场需要,开发具有高技术含量、高附加值的新产品,构建"高产、优质、高效、安全"的新型生产能力提升体系,实现"做精、做强、做优"的目标。

(3)营销网络和售后服务体系:通过建立分公司,对市场进行精细化管理和深度营销,提升市场覆盖率和渗透率,形成层次分明、分工有序、布局合理、服务一流的营销服务网络。

3. 两个转型

（1）观念和价值转型：继续解放思想，通过愿景驱动、财务驱动、资质导向、资产导向等方式实现公司层面的价值再造。

（2）企业结构形态和运作模式转型：努力探索总部经济的运行模式，实现上市公司裂变发展的目标。

4. 三阶段实施过程

2012年完成五大战略布局；到2014年完成战略攻坚，构建好三大体系；到2016年完成两个转型，实现跨越发展。

古人云：欲穷千里目，更上一层楼。我们相信在各级领导的关心支持下，公司团队继续努力奋进，我们一定能实现五年战略规划！我们一定能实现2016年产值翻一番的奋斗目标，同时为我们的"百年康力"梦想奠定扎实的成长基础。康力电梯将以今天的庆祝大会为新起点，继续发扬努力拼搏的艰苦创业精神，努力开创中国电梯行业第一民族品牌的新辉煌！

毋庸置疑，与诸多外资电梯品牌相比，与苏州诸多规模大、实力强的企业相比，我们还有很大差距。但是我们有信心、有规划、有步骤，更有上下一心、同心同德、同舟共济的发展团队，我们一定能实现我们的发展规划和企业梦想！

在这里，我更想说的是，我们都有很强的民族自尊心和民族自豪感，振兴民族工业、建树国产品牌是我们责无旁贷的使命担当，让我们共同努力，为实现"中国装备，装备中国、装备世界"伟大梦想努力奋斗！

"稳健、创新、卓越"是康力的公司哲学理念，也是15年来康力发展的真实写照。我经常说：康力还远没有成功，我们一直走在成功的路上。15年来的创业历程中，我本人也得到快速的成长和提升，社会各界和全体员工给了我鼎力支持和帮助，我再次深深感谢大家的厚爱和青睐，谢谢大家！

今年，我总结这些年来的创业感受、成长思考，写了一本书，由复旦大学出版社出版。我们经常说"路漫漫其修远兮，吾将上下而求索"，这本《求索》是我实践的总结，更是我以后进一步开拓的崭新起点，请大家多多批评指正！谢谢！

快速成长、坚持创新、时刻感恩是此时回望康力15年发展历程的主题，让我再次感谢各位领导莅临康力电梯成立15周年庆祝大会！

祝大会各项议程取得圆满成功！祝在座各位嘉宾、朋友身体健康、万事如意！谢谢大家！

在康力电梯20周年庆典——新产品发布会暨试验塔落成典礼上的讲话

王友林

2017年9月26日

尊敬的各位领导、各位来宾、各位朋友、各位同人、新闻媒体的朋友们:

大家下午好!

金秋送爽,丹桂飘香,在这个沉甸甸收获的九月,康力电梯股份有限公司迎来了20周年庆典。

20年前,苏州康力电梯有限公司在吴江注册成立,以此为起点,康力人筚路蓝缕、奋发向前,在逆境中开拓,在发展中成长,在无数次领先于行业的创新中,康力人的足迹从苏州迈向江苏、从江苏迈向全国、从全国迈向世界……

古人说,二十弱冠。男子到了20岁,就要举行成人的加冠礼。今天,在大家见证下,康力在这里完成20岁成人礼。

首先,请允许我代表康力公司,向一直关心、支持康力

20 周年庆典

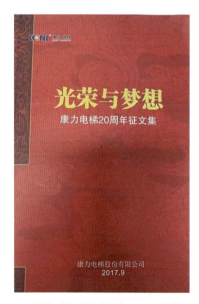

20 周年《光荣与梦想》员工征文集

成长的各级领导、各位来宾、各位朋友、各位同人以及新闻界的朋友表示最热烈的欢迎和最衷心的感谢，正是有了你们的关心和支持，康力才能从 20 年前注册资本 128 万元的小企业发展至今。如今，康力公司注册资本达 79 765 万元、总资产达 52.09 亿元，电梯、扶梯、人行道累计出厂超过 18 万台；创业以来，上缴各类税费近 28 亿元，捐款捐物超过 1 亿元。

20年砥砺奋进，20年开拓进取，回想这20年，作为康力的创始人和掌门人，我心中有万千感慨。下面，我概要总结、回顾20年的成长足迹，请大家批评指正。

一、创业：20年自强不息，铸就康力拼搏之魂

在康力展示厅，有一辆破旧的三轮车。20世纪90年代初，我就是骑着那辆三轮车走上创业之路的。创业萌芽时，风里、雨里、上班、下班、取货、送货，我骑的就是它。在我眼里，它不仅仅是一辆三轮车，它是我们康力人拼搏的象征，更是激励我们在逆境中成长的图腾。

苏州的电梯产业发展较早，在20世纪70年代末，苏州就有了自己的电梯厂，但80年代后，外资电梯巨头迅速抢滩中国市场，抢走了电梯市场这块蛋糕中的绝大部分。1997年康力公司正式注册成立时，面对的不仅仅是国内同行的竞争，更要面对国外电梯巨头的巨大市场压力。

天行健，君子以自强不息。康力人不怕困难，更不怕竞争压力。经过20年的风雨洗礼，康力在外资强者如林的中国乃至世界电梯行业中有了自己的一席之地。在日前揭晓的"全球Top10电梯制造商"评选中，康力电梯成为首个进入全球十强的中国自主品牌，这意味着，中国自主电梯品牌在全球产业阵营中的地位有了进一步提高，同时也强化了中国品牌国际上的存在感与影响力。

总体而言，康力电梯的发展可分为4个阶段。第一阶段（1997—2004年）是开拓起步阶段。从2万元起步，在无

资金、无技术、无设备、无业务的"四无"情况下,艰苦创业。第二阶段(2005—2007 年)是迅速成长阶段。在这段时期,公司技术、营销、工程、管理、人才建设、企业文化全面快速提升。第三阶段(2008—2010 年)是改制上市阶段。2010 年 3 月,公司在深交所 A 股成功上市,成为中国电梯行业整机企业上市第一股。第四阶段(2011—2017 年)是提升飞跃阶段,公司开始全面的质的提升。

二、创优:20 年恪尽职守,铸就康力质量之魂

在过去的 20 年中,康力在全国乃至全世界签下了无数标志性电梯工程。张家界天门山观光隧道自动扶梯项目曾荣获《电梯世界》杂志 2015 年度"电梯世界工程奖"一等奖。康力还参与了全球几十个地铁工程,如印度德里地铁就有 291 台康力公交型自动扶梯。但在我脑海里,印象最深刻的还是 1999 年安装在石龙火车站的 2 台大高度自动扶梯项目,那是康力电梯最早的一单项目。当时,参与竞争的企业都是知

石龙火车站的 2 台大高度自动扶梯项目

名老牌子,只有康力名不见经传,在我们多次登门、几番商谈后,已经60岁的经办人紧紧抓住我的手,对我说:"我马上就要退休了,这是我退休前为单位做的最后一件事。一辈子清清白白做人,我对得起自己,你一定要保证好质量,不能让我到了最后却被人骂啊!"

这句话我至今没有忘记,而让我、让那位老人欣慰的是,我们的电梯不仅在石龙安全运行,还为石龙火车站建设项目获评优秀立下了大功。

在电梯与城市生活越发密不可分的今天,保障质量就是电梯企业最大、最重要的诚信。从工厂到现场,设计、制造、装箱发运、合同、沟通、安装、维保,康力电梯全方位、高标准的质量管理,不仅让康力获得了"中国质量服务信誉 AAA 级企业""全国机械建设与电梯行业质量金奖""中国质量诚信企业""江苏省质量奖"等荣誉,也让康力在公共交通、超高速电梯等领域建立了属于自己的品牌新格局。

三、创新:20 年专注研发与人才,铸就康力创新之魂

科技是第一生产力,人才是核心竞争力。公司从创立之初就确立"以奋斗者为本"的经营方针,人才被定性为企业发展的第一要素。

早在 2000 年,康力就开始在人才引进与科技研发上投入数千万元的资金。上市后,康力更是以每年营业收入的 4% 左右投入技术创新。

20年来，康力在技术研发的道路上，以自主创新为核心，在电梯、扶梯、自动人行道三大产品类别持续进行产品型谱优化和标准化工作，积极推动自主核心技术、核心零部件的开发与测试，以有目共睹的发展速度、质量、活力和潜力，成为中国电梯行业自主品牌的领军企业。

如今，康力以"两化融合"为主线，以智能制造为方向，以信息技术为驱动，在控制系统、曳引系统、门机系统、人机界面、轿厢系统、上下部驱动、桁架系统等方面掌握核心技术，将机器人工作组、物联网云平台及公司柔性制造能力相融合，致力于产品标准化、系列化、通用化、信息化，不断拓宽产品线、提高性价比，持续优化产品型谱，强化核心竞争力。

康力的企业技术中心于2011年被评为"国家认定企业技术中心"，研发大楼工作面积达8 000平方米，实验室设施一流。康力在全国拥有高度分别为95米、100米、120米、288米的4座试验塔；今天，康力全球最高的288米试验塔正式建成揭幕。

截至2017年9月，康力已累计获得发明专利62项、实用新型专利742项、外观设计专利49项及PCT国际专利12项，共计865项。公司参加了17个电梯国家标准的编制，制定企业标准21个。

良好的技术研发环境创造了优良条件，有助于康力转型升级，追求"营销技术双驱动"，通过提高企业的核心竞争力来提高经营业绩。

四、创牌：20 年开拓进取，铸就康力发展之魂

经过 20 年的发展，康力已形成东、西、南的制造格局，在江苏苏州、广东中山、四川成都均设立了制造基地；公司拥有苏州新达电扶梯部件有限公司等 13 家控股子公司，在全国已设有 118 个分支机构，其中包括 46 家分公司和 72 个服务中心，设有 3 个海外营销部。

在布局开拓全国市场的同时，康力积极响应国家"一带一路"倡议，主动融入"一带一路"市场，努力拓展国际营销网络，并推进国际市场稳步发展。2017 上半年，康力海外收入较 2016 年同期增长 54.90%，海外业务新获取订单金额较同期增长 10% 以上。公司深耕国际市场 15 年，产品远销 100 多个国家和地区，全球品牌知名度和行业影响力不断上升，在"中国梦，康力梦"的引领下，以做强民族品牌为己任的康力正向着"世界品牌，中国领跑"的长期战略目标不断迈进。

五、结束语

2017 年是康力的 20 周年。对于国内电梯行业而言，2017 年是竞争极为激烈的一年，原材料价格大幅上涨，许多企业经营利润严重下跌，国内电梯行业必然进入一轮竞争更为激烈的大洗牌。处于关键期的康力能否在重大挑战和机遇面前继续保持快速的发展步伐？

我的答案是肯定的。就市场而言，除新型城镇化、公共

基础设施建设的拉动,老旧电梯更新改造、老旧住宅加装电梯等需求也将逐步释放,而随着"一带一路"倡议的推进,康力的出口量会继续保持增长。

出席 2016 年 11 月在秘鲁召开的亚太经合组织(APEC)会议

未来,康力将分别从技术创新与智能制造、战略与营销、组织与机制、流程与信息化、人才培养与梯队等方面进行系统改革,打造全新的运营、管理模式,持续推进"八体系"建设(质量、环境、职业健康安全、测量管理、质量保证、焊接质量、两化融合、知识产权管理),以公司九大创新和开源节流为抓手和重点,全面提高康力的综合管理和运营能力。

20 年,这是康力电梯发展史上的一个里程碑。"光荣与梦想"是今天我们庆祝活动的主题,但是我更想说的是,康力还远没有成功,我们一直走在通往成功的路上。"世界品牌,基业长青"是康力的愿景,公司将继续秉承"为用户提供亲人般乘坐的电梯和卓越的服务"的企业宗旨,以诚信、感恩、创新、超越为价值观,在各位嘉宾的关心支持下,与同行、伙伴真诚合作,全体员工拼搏进取,实现跨越式的成长和提升,持续建树一个受人尊敬的"康力品牌"!

再次感谢各位嘉宾20年来对康力始终如一的关心、支持和呵护!感谢大家百忙中莅临!谢谢大家!

十年蝶变 不忘初心 砥砺奋进 无问西东
——康力电梯上市十年发展回眸

王友林

2020 年 3 月

春回大地,柳绿花红。突如其来的新冠疫情挡不住春天的脚步,在这个值得特别铭记的春日,康力电梯迎来了上市十周年的里程碑。十年间,公司不忘初心,以文化引领二次创业,阔步踏入现代企业治理轨道,通过持续的管理变革,牢牢把握国内经济快速、转型发展带来的成长机遇,有效化解金融危机带来的冲击和影响,围绕自主创新、自主品牌、自主营销和智能制造,夯实创新发展的民族品牌之路。业绩背后,是康力十年破茧成蝶的卓绝蜕变及其带来的产品市场、资本市场的长期认可与信赖。

2010 年 3 月 12 日,中国资本市场第一只电梯股票"康力电梯"敲响了上市的钟声,从此,"002367"这一串数字与康力牢牢联系在一起。也正如中国电梯协会给康力上市十周年的贺信中所说,"这一天,不仅是康力公司发展史的里程碑,也是中国电梯行业发展历程中的重要标志"。

2010年3月12日,康力电梯在深交所上市

上市十年是资本市场稳健发展的十年

2010年,公司在深圳证券交易所上市交易,向社会公开发行人民币普通股(A股)3 350万股,募集资金8.47亿元。2016年公司新增股票,募集资金净额为8.79亿元。上市十年,康力总股本从1亿股增加至7.98亿股;公司资产总额从9.43亿元增长到58亿元;12次利润分配,共分红18.08亿元。

借助二级市场平台,提升品牌影响力,增强综合实力,公司于2009—2019年实现了飞跃发展,营业收入从8.24亿元增长到36.6亿元。上市后,康力走上产品市场与资本运作的双通道。值得一提的是,随着固定资产、流动资产和无形资产的扩大，公司强化资产有效管理、利用，专设资产管理部门，推进资产全生命周期管理，适时调整资源配置，发挥资产最大效用，提升资产收益率，有效控制了企业运营风险，增加了企业利润。

康力电梯十年营业收入增长（2010—2019年，单位：亿元）

上市十年是不忘初心文化引擎的十年

十年创新求变，不变的是流淌在康力人血液中的价值观。"以客户为中心，以奋斗者为本，长期艰苦奋斗，坚持自我改进"无疑是康力成长的压舱石和定海神针。

从诞生那刻起，康力就是一家使命感极强的企业。从客户是上帝，到为客户创造价值，再到以做强民族品牌为己任的雄心，"为用户提供亲人般乘坐的电梯和卓越的服务"始终是康力的使命和第一要务。十年间，康力始终保持冷静的思维，不赚快钱，专注和深耕主业，无问西东，"耕读传家"式的康力"家风"让公司保持清醒克制，但又不满足于"小成即满，小富即安"。在电梯领域敢于挑战，对标世界百年头部品牌，不断超越，是康力管理团队"基业长青"的长线战略愿景。

上市十年是制度规范、科学治理的十年

上市十年，除资金募集、公众信任、高曝光率、品牌提升、资本运作、人才激励、清晰战略外，带给康力最大的财富是公司制度规范的现代化治理体系。

纵观企业上市首次公开募股（IPO），很多公司对这一"炼狱"般的过程都心有余悸，表现出典型的"吃药怕苦、开刀怕疼"，没有决心和毅力完成不了这一发展的"大考"。无疑，上市是一把"双刃剑"，有人形象地说，上市就是戴着金镣铐翩翩起舞，所有的决策动向、细微的信息都暴露在公众和媒体的聚光灯、显微镜下。上市过程是康力转换理念、规范运作、学习提升的"进京赶考"。上市后，公司严格遵循上市公司法律法规，严格、科学规范股东大会、董事会、监事会"三会"运行，实现有效制衡、科学决策；公开、公正、公平披露信息，无虚假记载、重大遗漏和误导性陈述；严格保管、使用好募集资金；大股东无违规内幕交易；保持了良好的增长业绩，回报股东、员工、社会。十年来，康力对外严格遵守法律法规，对内则建立起科学的内审和风控机制。系统化的内审管理成为公司的护城河和防护墙，不仅内树信心、外塑形象，更成为创造利润和价值的利器。

上市十年是管理变革、平台赋能的十年

基础管理是常谈常新的大课题。十年来，康力因时而变，让平台赋能变革，全面创新、提升企业管理，为企业效率和效益提供新动能。

改革优化不停步，头脑风暴会、合理化建议常态化是康力特色的管理创变法宝。2016 年 7 月的井冈山会议、2018 年 10 月的西塘会议、2019 年 7 月的湖州龙之梦会议，都是公司聚焦人才、战略、管理的里程碑式管理变革会议。十年来，通过持续对内部经营管理、外部竞争环境变化进行深入分析，公司紧密围绕"深化九大创新，提升七个质量，提升组织效能"的总体发展、经营思路，并在战略营销、降本增效、研发创新、管理提升等方面下功夫。人才是第一资源，奋斗者是事业基石。公司以"精兵简政，优化职能，协同高效"为原则，对组织架构、流程管理进行了优化和调整。以"奋斗者为本"为准绳，公司于 2010 年实施股权激励，发展和培养有奋斗精神的高素质员工，让员工有更好的职业发展、更高的收入，并有平台和空间做更大的贡献。在绩效考核上，以"品质、能力和绩效考核结果"为准则，加大考核力度，实施优胜劣汰和优化组合。在管理优化上，持续推进九大创新（文化理念创新、营销模式创新、技术研发创新、管理信息化创新、绩效考核创新、智能制造创新、安装维保创新、采购管理创新、质量零缺陷创新）。上线财务共享中心，精细化、标准化作业，降低成本，提高服务质量和效率，促进核心业务发展；提升和优化资源管理计划（ERP），保证管理畅通和流程优化。

康力管理九大创新

上市十年是技术质量提挡蜕变的十年

技术创新是企业发展的核心动力,上市十年,康力矢志研发突破,年均投入高于营业收入 3% 的费用用于技术创新。

2011 年 12 月,康力技术中心被认定为"国家认定企业技术中心",创新平台晋级"国家队",我曾多次指出,其重要性是不亚于上市的第二次"大考"。

康力于 2010 年、2014 年、2017 年先后完成 6 米 / 秒、7 米 / 秒、10 米 / 秒超高速电梯的研发,不断打破国外技术垄断;2012 年,凭借自主研发的 KLT-XF 梯型承接天门山项目,获得 2015 年度"电梯世界工程奖",重载公交型扶梯在全国和海外全面开花,创造了行业在轨道交通领域的"康力现象"。消防、观光、别墅、加装等梯种不断推陈出新,在节能环保、电气、电梯物联网、一体化控制等领域赶超行业领先水平;技术中心实验室于 2018 年通过中国合格评定国家认可委员会(CNAS)认证;持续推进与浙江大学合作的院士工作站等产学研合作平台，实现关键技术和"互联网+"的创新突破。

目前，公司拥有电梯产品 9 类梯种、29 个系列、168 种规格，扶梯产品 6 类梯种、6 个系列、64 种规格，覆盖了国内和国际市场各种需求。截至目前，公司共获得国内授权专利 1 218 项，其中有效专利数 922 项，发明专利 69 项。获得 PCT 国际专利 11 项。

公司"八体系"覆盖了所有涉及的部门和产品的生产、服务活动，十年间，公司"八体系"融会贯通、高效运转，极大地促进和保障了运营发展。

质量是良心、自尊，更承载着品牌梦想和社会责任。零缺陷、可靠、稳定，是康力对产品的一贯追求。十年间，公司推行全方位、全流程、全员质量推进工程。不断探索"七个质量"（合同签订、设计研发、制造供应链、包装发运、工程安装、安装过程中沟通协调、维保）协同推进的方针战略。

SSQS 全面质量管理模式

上市十年是战略营销厚积薄发的十年

竞争残酷、洗牌加剧、成本高企是电梯市场发展的现实。在竞争面前，十年间，康力公司每年业绩均保持领先于行业的高速增长。

上市之初，康力营销中心团队近500人，目前团队已经达到2 000多人。全国先后设立100多个分公司和服务中心，以及3个海外营销分部，集销售、安装、维保、大修改造、备件销售等功能于一体。

在渠道建设上，直销和代理并重，目前在全国拥有700多家长期合作的代理商合作伙伴，海外有66个分支网点，产品远销100多个国家和地区。

聚焦客户，凝炼创新康力营销模式，形成能打善战的"康力电梯七个营销"，即文化营销、品牌营销、体验营销、利他营销、工程营销、定制营销和数字营销。

十年间，公司在战略客户、轨道交通、县域经济、典型工程、"一带一路"等领域突出自身优势，有的放矢、侧重突破，取得骄人业绩。

截至2019年11月底，康力在国内市场已累计出厂4米/秒以上高速电梯579台；国内市场重载公共交通型自动扶梯3 636台；中标国内轨道交通62条线，国外轨道交通28条线。电扶梯出厂总量遥遥高于其他民族品牌。

上市十年是智能制造成本优化的十年

上市十年间，公司依据募集资金投向和业务发展需要，先后投入了具有国际领先水平的自动化柔性制造生产线、装配线、电泳线、喷涂线、包装线、仓储线等先进装备，加快改变了传统的生产条件;同时形成总占地面积141万平方米的苏州吴江总部产业园、苏州吴江核心部件产业园、广东中山康力电梯产业园和四川成都康力电梯产业园,形成东、西、南"三地四中心"的研发制造布局。供应链是制造的世纪难题。一方面,康力采取原材料适时采购的方法,密切关注原材料价格波动,实施周期价格锁定;另一方面,严格外协外购零部件供应商准入、质量、价格、交期、服务,与供应商共赢共成长。2018年,电梯门板、电控SMT生产线获评江苏省示范智能车间,智能制造实现可喜的跨越。此外,公司工艺、工装不断优化、提升,极大地提高了生产效率和效益。

苏州吴江总部产业园

苏州吴江核心部件产业园

四川成都康力电梯产业园

广东中山康力电梯产业园

"三地四中心"研发制造布局

上市十年是数字转型 E 路相伴的十年

两化融合和数字化转型不仅是康力的发展管道转型,更是一场管理的革命:利用数字技术彻底提升集团的业绩及管理触角,科学流程、提升效率、智能决策。十年间,康力以数字化转型为导向,从智能运营、主营增长和商业创新三大价值维度入手,实现"点""线""面"的转变与融汇,使数字化转型成为价值创造的枢纽,持续提升康力的长期竞争力。

具体而言,康力围绕流程优化、卓越运营和前沿数字业务3个领域,不断提升,从信息化到数字化再到工业互联网,从管理业务数字化到数字化业务发展,不仅提升了产品和服务的交付能力,新的信息技术给产品和服务赋能、赋值、赋智,亦为客户和乘客提供了更好的体验以及获取更多增值服务的机会。

上市十年是品牌影响日新月异的十年

2016年6月,国务院提出设立"中国品牌日"的倡议;同年12月,公司首次参评由国家主导的品牌价值评价活动,即荣登"中国品牌价值评价信息"榜单,以43.63亿元

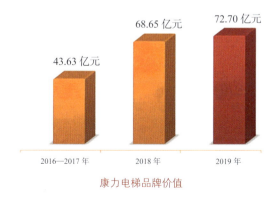

康力电梯品牌价值

品牌价值高居行业榜首，并在2018年和2019年连续两届以68.65亿元品牌价值和72.70亿元品牌价值稳居中国电梯业品牌价值首位。

2017年9月，经《电梯》(Elevator)杂志根据销售收入、利润水平、技术实力、品牌力、国际化指数等充分调研和评定，康力首度跻身"全球十大电梯制造商"榜单，中国电梯品牌第一次现身全球行业十强，此后的2018年、2019年，康力电梯保持全球十强地位，品牌影响力日益提升。世界电梯行业最具权威的《电梯世界》杂志也于2017年、2018年向全球刊发了电梯行业全球十强榜单，康力电梯成功上榜，品牌地位和高度在世界上得到充分肯定和巩固。

2015年、2017年，康力品牌先后获得苏州市市长质量奖、江苏省质量奖。公司厉兵秣马，不断提升高质量发展内涵，现正冲刺中国质量奖。

金杯银杯不如百姓口碑。康力"一切以用户中心"的价值理念赢得客户的满意、青睐、赞赏和忠诚。选择康力，是康力的欣慰，更是用户的骄傲。

公司创立以来，员工薪酬和福利超50亿元。公司员工从2010年的1 966人壮大至2020年年初的4 800余人。公司在专注发展的同时，践行社会责任，体现出康力的本色和担当。至2020年，公司各类社会捐款捐物逾13 000万元，其中我个人捐款捐物超过1 200万元。公司坚持诚信守法、保护环境、强调客户、员工和股东价值，上市后，康力每年均发布公司社会责任报告，全面真实展现企业公民形象，获得了社会各界的认可与赞赏。

"年岁有加,并非垂老;理想丢弃,方堕暮年。"业绩清零的冷静心态和康力对品牌和梦想的执着坚守是康力人最宝贵的前行动力。上市十年,创业23年,康力正青春!

千山万水,一派风光。梳理和回眸康力的十年,是为了更好地砥砺奋进。未来已来,站在全新的起点上,康力感恩客户,相信将来,无愧于时代,继续以高质量发展抒写"世界品牌、基业长青"的康力梦想!

康力电梯上市十周年

在推行公司变革、实现业绩倍增启动大会上的讲话

王友林

2021 年 3 月

1992 年，88 岁老人邓小平的南方之行为中国走上中国特色社会主义市场经济发展道路奠定了思想基础。乘着改革的春风，我 1993 年下海创业，开启康力筚路蓝缕的春天。

康力电梯–传世智慧变革项目签约·启动大会

在眼下康力爬坡过坎、滚石上山的关键成长时刻，我于3月南下考察，在深圳——中国改革的发祥地、前沿窗口，更坚定了康力系统变革的决心与路径。

机遇在前，形势逼人，只有变革才能做大做强康力，才能重塑规则、改变格局。大道至简，向华为学习，就要以有着华为血统、基因的传世智慧公司来牵引康力变革。我关注和了解到，任正非在华为崛起中科学运用了中国文化、军人纪律、美国经验、辩证唯物的四大法宝与底层逻辑。

国际、国内宏观经济形势发生剧变，中美发生贸易摩擦，高速发展转向高质量发展，政府出台房地产调控政策，大宗原材料价格大幅度上涨，电梯行业发展及竞争态势亦发生变化：外企采取资本行动争夺市场，内资品牌高调扩张，提升管理水平，招揽人才。

康力电梯公司上市后前几年发展很快，但2016—2020年，营收一直在40亿左右徘徊，没有大的突破，我们陷入"中等收入陷阱"。另外，组织建设薄弱，人才梯队缺失，管理效率不高，激励机制不够，内部管理零散、不系统等等，都成为我们的短板和发展障碍。

我们要学习优秀、标杆企业，学习汇川技术变革项目成功经验：我必须做第一推手，所有重大变革活动、项目必须亲自参加；选好各个模块项目负责人：必须是对应业务和职能的最优秀的专业骨干，非常了解业务的专业知识和流程，因为项目要打造的标准流程就是业务最佳实践的总结；变革会遇到很多困难，成功最重要的是，作为老板的我要下定决心，干部必须转变思想，保持克服困难的韧性和一往无前的

康力电梯-传世智慧变革项目签约·启动大会

斗志；激励政策要跟上，促使员工（项目组成员）能够"策马扬鞭自奋蹄"。

习近平总书记在党的十九大报告中提出，"推动经济发展质量变革、效率变革、动力变革"。

质量变革： 把提高供给体系质量作为主攻方向，向国际先进质量标准看齐；推动企业和产品的优胜劣汰，打造具有国际竞争力的高质量品牌企业；营造有利于创新的环境，推动创新要素的流动和集聚；加快全方位的绿色转型，使绿色低碳成为高质量产品和服务的重要特征。

效率变革： 降低实体经济运营的能源、融资等成本，提高发展实体经济吸引力、竞争力；优化组织、企业兼并重组和产业转型升级，全面提高经济效益；增强服务实体经济能力，为实体经济创新发展、转型升级提供有效金融服务；引进来与走出去相结合,更大范围参与国际竞争和合作。

动力变革:加快劳动力数量红利到质量红利的转换;提高各个层面劳动者的素质;加强对知识产权的保护和激励;建设知识型、技能型、创新型劳动者队伍,打破阶层固化,拓展纵向流动,提供以奋斗者为本的渠道和机会。

我们要思考:为什么很多公司已经很优秀了,还要请咨询公司?

因为企业熵减的速度不足以抵御熵增,必须利用外力来实现熵减。什么是"熵"?第一,熵是热力学概念,用来度量系统的失序现象;第二,一个系统内的熵越多,能量消耗越大,做功的能力越低。

熵增定律:任何一个封闭的、无外力维持的系统,熵永远在增加,它必定会趋于混乱和无序。

如何持续降低熵增,实现熵减?必须开放系统并引入外力。企业主动做功,开放系统。

我想,康力的变革诉求是加强基础管理能力,抢占市场份额,找到增长点,使复合增长率超过30%,打造民族品牌,改变世界电梯市场格局。

康力要变革的内容包括6个板块,分别是公司治理与人力资源,战略、品牌与市场,营销服务管理,制造与供应链,产品研发,以及财务与经营。

(1)**公司治理与人力资源**。改变公司治理思想,做实董事会,做实经营管理团队,提高战略思维,提高决策效率,实现高质量、高速决策,连续3年决策效率提高30%以上;重塑动力机制,改变人才环境,打造奋斗者文化,构建利益共同体，实现干部年轻化；全面提升组织活力，实现责权利对等，加强授权与监督；以客户为中心，打造先进的公司治理体系。

（2）**战略、品牌与市场**。重塑战略意图及发展路径；重塑管理意志及增长文化；重构技术战略及打造世界一流高端产品；构建管理战略，全面提升科学管理水平，将战略重大举措达成率提升到100%；洞察行业格局及生态环境，开展兼并重组；提升战略洞察能力、战略规划能力、战略执行能力；在落地实施上，从公司战略到事业部战略再到职能战略，全面落地战略思维、战略工具、战略辅导，未来3~5年培养50~100名战略、管理、业务专家；以客户为中心，构建全球化战略管理体系。

（3）**营销服务管理**。营销及服务战略解码，实现行业扩张，提升市场份额30%~60%；构建大客户战略及大客户关系，提升盈利能力，提升附加值；找到增量市场空间，改进市场拓展方法，培养敢打胜仗的营销铁军，在增量市场必保市场份额第一；经营存量市场，做好电梯市场的更新换代，代替落后的对手，重塑市场格局；以客户为中心，构造具有高增长特质的营销、服务管理体系。

（4）**制造与供应链**。以客户为中心，构建战略供应链体系，在采购、计划、订单、物流各领域打造先进的管理工具和方法，实现低成本、高质量、客户满意的高效运作，实现95%以上的客户满意度99%以上的到货及时率，连续3年运营效率提升15%以上；提升计划预测能力，提前进行产能规划和供应商准备；供应链参与到研发和市场的运作中，构建系统作战能力，让市场产生可交付的订单，让研发设计可交付的产品，让供应链实现高质量的制造，让交付与服务使客户更满意。

（5）产品研发。深入洞察行业改变、客户改变、国家政策改变，寻找战略机会；向世界一流业务标杆学习，利用新技术打造自主技术核心竞争力；运用用户体验、电梯环境，探索电梯作为信息入口、交流与沟通入口的展示与展览、体验与智能等平台功能，打造新产品与解决方案，打造行业标准，掌控专利话语权；以客户为中心，打造全球化先进技术与产品开发管理体系，研发效率提升60%以上，新产品上市速度提升100%以上，产品领先至少半年。

（6）财务与经营。实现从财务管理到财务经营的转型，构建资金、资产、存货、成本、定价的管理能力，提升综合财经管理竞争力；把财务与经营结合起来，通过财务数据与业务数据的结合支撑业务决策，改善经营质量；构建卓越的财务经营环境，实现投资、融资、资本增值；打造内生性增长与外延性增长双引擎；以客户为中心，构建全球财经服务体系。

康力变革项目如何实施？我们要确立和细化变革项目实施周期和计划，长期持续建设，5年内构建科学的管理体系，实现公司有效增长，配备强大的顾问资源。

要以变革顾问深圳传世智慧科技有限公司的智慧、经验、训战能力，夯实康力的管理根基，要在思想、流程、组织、绩效、赋能上，继续坚实落地康力"以客户为中心"的核心价值观。坚定实现康力变革的核心诉求，扎实落地治理、战略、销服、研发、供应及财经等具体变革项目与模块。

　　思想在天上，行动在地上。康力变革要"誓打胜仗"，在思想和组织上提供坚实的保障，严格遵循变革步骤、原则。

笃定相信,玉汝于成

——康力电梯25周年,致全体员工的一封信

王友林

2022年4月

王友林于办公室

亲爱的康力家人们:

大家好!

春节后开工以来反复的疫情终挡不住春暖花开的脚步,

在这个万物复苏、充满无限生机的美好春天，我们如常地奋斗和忙碌着。令我们倍感振奋的是，公司也迎来了 2022 年——康力电梯成立 25 周年的里程碑。

因为相信，所以坚持；因为坚持，所以看见。 25 年，四分之一个世纪，9 000 余个日日夜夜的坚守与奋战，康力的每一个进步都凝聚着全体家人的辛勤付出。时间如白驹过隙，却积淀下诸多让我们如数家珍的业绩。感恩时代的厚爱，我们一步步坚定地走到今天：从名不见经传的弱小，到现今屹立于行业的中坚。

作为成立 25 年，以"自主创新，民族品牌，产业报国"自勉的康力来说，我们有着自身的使命追求与社会责任担当。事在人为，对企业来说，更加如此。多年来摸爬滚打、爬坡过坎的经历使我深刻地认识到：或许不少人都是看见了

2013 年 3 月，康力电梯试验塔暨科技大楼奠基

才相信，我是相信了才看见，所以走到了今天。康力25年的成长历程，家人们都看得见，我们更加坚定地相信未来，也能看得见康力美好的未来。

2022年是康力电梯登陆资本市场的第13年，也是启动系统管理提升变革的第2年。放眼当下骤变的全球格局，解构与重构快速演进，充满了不确定性；世界百年未有之大变局与中华民族伟大复兴的大局叠加共振；近年竞争烈度最强的行业赛道、产业链上下游的巨大变化，一切都与我们息息相关，无不考验着我们的定力、根基、战略、路径和长远的成长未来。

变革夯实管理，战略牵引发展。在不确定性中找到确定性，夯实长期持续成长的管理根基和植入不断创新发展的基因，是康力坚定和深化变革的初衷与诉求。经过1年的变革，

2006年9月，康力集团有限公司二期工程奠基

公司治理更加清晰，战略更加明晰，组织更加精锐，打法更加犀利。毋庸置疑，一切可喜变化的背后，是我们以始为终的初心和底层价值观的知、信、行，是家人们的共同努力。

人是企业的全部，更是企业未来最宝贵的财富资源。变革和发展，市场与创新，愿景与梦想，一切源于人，一切为了人。基于此，康力变革的深入都将继续围绕着打造有凝聚力、战斗力和创造力的人、团队和组织建设等基础方面深化和延展，激发每位康力家人的内心动力。

2022年和未来几年，深入的变革引领、坚持不懈的奋斗自强是康力的主旋律。具体而言，务须以战略牵引公司高质量发展，扎实推进2025年新一轮整体发展战略地图的有效实施，兑现承诺，要保证出成果、出业绩、出人才。

前台要聚焦客户，充分理解客户需求，提升电梯全生命周期系统服务解决方案的综合能力，持续加大行业领域前沿技术创新投入，加快高质量国产替代，解决"卡脖子"技术难题，用高质量的产品、具有独特价值的解决方案以及优质的交付与服务赢得广大客户，提升市场份额。我们要主动开拓行业新增长点，实行立体军团作战，充分发挥铁三角组织在客户价值创造中的核心作用，稳健且快速提升经营绩效水平和品牌综合实力。

中台要以智能化、数字化、网络化等手段进一步提升快速交付能力和精益制造能力，完善和优化供应链的稳定性和可持续性，进一步系统性提升全面质量管理水平和质量竞争能力。

后台要以服务为本，优化规则、缩短流程、简化管理，转型成为服务型、支撑型与赋能型组织,成为懂业务的奋斗伙伴,提供高效协同的专业化支撑和快速响应的卓越服务,让中台和前台满意。前、中、后台充分拉通和融合,形成合力。一切行动围绕客户和前线,以一往无前的锐意进取,交出高质量的经营绩效答卷。

"没有不好的赛道,只有不好的赛手。"今天,在时代和经济形势大势面前,在自身发展面前,康力家人们要以冷静、敬畏的思维看待地位、定位、站位。不恋既往,纵情向前,高质量、幸福的企业获得感与成长始终属于睿智奋斗的康力人。

2012 年 10 月,康力电梯产业园(新达三期)奠基

文化生生不息,求索永不停步。"石可破也,而不可夺坚;丹可磨也,而不可夺赤。"坚持"以客户为中心,以奋

斗者为本，长期艰苦奋斗，坚持自我改进"的核心价值观，是康力人不忘初心的本色，是立企、发展的根基，是共同的使命担当。

感恩 25 年来的艰苦奋斗，康力走过难以计数的关键时刻与风雨坎坷，在成绩和未来面前，我们保持着淡定和坚定。"滔天巨浪方显英雄本色，艰难困苦铸造诺亚方舟。"希望全体家人肝胆相照、同舟共济，继续谱写康力崭新篇章。我们感恩客户与合作伙伴的青睐与鼎力相助，让我们一起相信"相信"的力量，直面挑战与机遇，继续攻坚克难、勇毅前行！

2021 年 6 月 28 日，在北京至深圳火车上，紧急去洽谈项目　　2013 年 4 月 23 日，在苏州至合肥动车上，乘车间隙认真工作

25 年，历史长河中的短暂一瞬，康力创业发展在路上的一段篇章。奉行长期主义，在为客户创造价值的过程中实现

企业价值，变革只有进行时，康力一直在路上，一直走在难而正确的路上；坚持初心使命，发展企业，成就每个奋斗者，康力每一天都是崭新的一天，每一天都是接近卓越愿景的一天，因为我们始终坚信，企业价值观正确就会持续成长，它印证了我们的过去，更将昭示和引领康力的高质量未来！

康立电梯总部大楼

25年，康力正值青春！让我们继续无问西东，以变革促发展，聚精会神，一起团结奋斗，以更扎实的实力、更亮眼的业绩，让所有人看见英雄辈出、将星璀璨，看见更美好的明天！公司将以更好的薪酬待遇、更高的职业能力水平及综合素养、更朝气饱满的精神状态，增强员工奋斗拼搏的获得感，实现个人与公司共同发展。让我们共创幸福康力，共享美好生活，共同为社会做出更大贡献！

艰难困苦，玉汝于成；因为相信，所以看见！以此与全体康力家人共勉！

Part Three

第三部分

王友林：打造中国电梯第一股

《江苏经济报》

2019 年 11 月 29 日

西滨太湖，东临上海，南接浙江，吴江这块宝地继承了吴越一带崇文重教、厚德守信的千年民风，以勤劳踏实、温良隐忍的性格，孕育了无数优秀的民营企业家。王友林，正是其中之一。与生俱来的商业头脑，刻在骨子里的勤奋诚

《江苏经济报》报道

信,让他将一个仅有 4 人、生产机械零部件的小加工厂发展成今天拥有 4 700 名员工(2019 年)的中国电梯行业第一股。

白手起家,在外资垄断之中杀出一条血路

时间回到 1995 年,外资电梯制造业巨头开始全力进军并垄断中国市场;下海创业的王友林刚刚承包了仅有 4 名员工的莘塔通用机械厂,与江南一带许多嗅到商机的民营企业一样,开始涉足电梯零部件加工。"改革开放以后,外资进入中国电梯市场,迅速形成垄断,对配套的需求开始萌动"——正是因为对市场准确的判断,王友林在"无资金、无技术、无设备、无业务"的情况下,一头扎进了这一领域,于 1997 年成立吴江市新达电扶梯成套部件有限公司,专攻电梯机械零部件配套生产。

察觉到商机的并非只有王友林一人,这一行业的市场竞争相当激烈。但是,王友林没有放弃,没有退缩,在艰险中咬牙前行,在困难中寻求突破,通过不断学习和摸索,消化技术,积累经验和资本,逐渐建立起国际化的技术标准、管理模式和经营理念。这让王友林有了打破外资垄断的念头和底气。"当时中国地产业空前繁荣,一栋栋高楼大厦拔地而起,用的却都是'洋牌子',我们的企业为了求生,只能到国外注册,搞个'洋代码',再返销回来。"为了改变这种局面,2000 年,王友林成立"苏州康力电梯有限公司",正式进军电梯整机生产领域。

从零部件到整机,王友林距离他的"电梯梦"越来越近。进入整机领域后,王友林意识到电梯产业链极长,上下游产品极多,多种零部件不可能集中在一个工厂生产。因此,王友林将企业更名为"江苏康力电梯集团有限公司",开始扩大经营范围,向着"中国电梯第一股"的梦想努力。

付出终有回报,2010年3月,康力电梯在深交所上市,成为中国电梯行业第一家上市公司。然而,王友林却没有半分懈怠:"康力电梯原来是走在乡村小路上,为梦想而不停地去奋斗、去追寻,现在刚刚走上高速公路,后面的路还很长很远。"正是这样的低调严谨,让王友林和他的康力电梯在上市后依然稳扎稳打,2017年以68.65亿元的品牌价值登上"中国品牌价值评价信息"榜单,营销网络遍布全球,覆盖欧洲、非洲、大洋洲、亚洲、北美洲和南美洲六大洲,年营业收入超过30亿元。

从无到有,让中国人拥有自己的创新技术

在外资的垄断之下杀出一条血路,凭什么?说到底,还是创新。电梯行业与其他行业不同,技术含量高,安全要求高,因此,对自主研发和技术创新的要求自然也更高。为了尽快实现技术突破,王友林下定决心走产学研结合的道路,从2002年开始,与南京工业大学、中国建筑科学院、浙江大学和常熟理工学院等院校合作,先后建立康力电梯测试中心、康力电梯研发中心、康力电梯-浙江大学院士工作站和康力电梯学院,为康力电梯的技术发展和人才储备奠定了基础。

2002年6月,康力电梯建成95米高、6米/秒的电梯试验塔,成为当时中国国产电梯最高试验塔。2003年7月,康力电梯研制的无机房电梯项目通过鉴定。2004年9月,康力电梯获得法国国际检验局颁发的欧洲CE安全认证、韩国EK认证、俄罗斯GOST认证。2005年5月,康力电梯自主成功研制高端商用苗条型自动扶梯、自动扶梯节能技术、高速电梯3项科技成果。2007年11月,康力电梯自主研发额定速度0.65米/秒、最大提升高度21米的重载公交型斜扶手自动扶梯获得成功;次月,康力电梯自主研发的大高度重载公交型自动扶梯、高速乘客电梯、家用电梯3项科技成果通过专家评审。2012年7月,康力电梯司研制开发的提升高度36米的重载公交型自动扶梯通过验收,并取得相应许可证。2013年12月,康力电梯通过中启体系认证中心江苏分公司对测量管理体系的认证审核,并获颁AAA级认证证书,成为国内电梯行业首家获此证书的企业。2015年,康力电梯成功研发扶梯一体化控制系统,推出2015新凌燕系列乘客电梯。

一项项成绩,离不开康力电梯的大力投入。"随着企业的发展,我们不断加大研发经费的投入。"王友林介绍,随着研发的不断深入,企业的规模也在不断扩大。2002年,康力一期工程启动,总投资1 800万元,占地面积7.2万平方米,建筑面积3.1万平方米,主体为标准厂房和办公楼,用于电梯、自动扶梯及配件的生产;2006年,二期工程开工,总投资超过1.6亿元、占地面积超过8万平方米、建筑面积4.6万平方米、配备10条生产流水线、年生产能力7 000台自动扶梯的新车间投入运行，成为全球超大型自动扶梯和自动人行道生产基地。

生产力的不断提高让康力电梯跻身世界一流企业之列，每年的生产规模、营业收入和人员数量都在不断增加。2017年，康力电梯实现营业收入32.8亿元，利润3.26亿元，资产总额56.1亿元，员工5 060人。

占领市场，深入调研、细致分析，抓潜在机遇

随着经济发展和人民生活水平提高，加上早期电梯随着使用年限的增加有了更新换代的需要，电梯市场的需求越来越大。但是，竞争也越来越激烈。为了能够在如此惨烈的竞争中脱颖而出，让自己的电梯在市场中占有一席之地，王友林带领团队，制定了康力电梯独特的营销模式。

"我们建立了完善的营销市场信息和分析系统，通过分析产品、行业、竞争对手和潜在市场，识别和预见未来的客户群和营销市场，以确保当前和未来的产品能赢得客户。"王友林明确了调研与分析是康力电梯的营销基础。2011年，针对康力电梯在北京市场占有率较低的问题，王友林带领团队分析了北京市场的特点，确立了依托代理商开展工作的策略，积极与多家房地产开发企业达成战略合作关系，成功撬动北京市场。

同时，随着市场的发展，王友林调整了营销中心的战略定位，即以卓越的服务和可靠的质量在住宅市场、地铁、高铁和城市轨道市场，以及商业细分市场成为客户的首选。

为此，一方面，康力电梯在质量管理上狠下功夫，创立以追求"零缺陷"为目标的 SSQS 全面质量管理模式，涵盖八大体系、五大安全、七大质量、六大节能，把质量安全责任落实到每一个生产环节、每一个工作岗位和每一位员工，确保不制造不合格、不交付不合格、不接受不合格的产品，且对售后服务有着近乎苛刻的要求。2017 年 10 月 14 日，韩国地铁项目在试运行扶梯时发现附加制动器工作螺丝断裂在钢架中，扶梯不能正常使用，康力电梯仅用时 7 天，就完成了现场勘查、补发配件、排除故障等一系列工作，使韩国地铁工程如期投入运行。

出席 2018 年 7 月在南非召开的金砖国家工商论坛

另一方面，康力电梯更加重视战略客户市场开发，实行大客户营销策略，设立战略客户部，负责战略客户项目的开发、推进、运营和管理工作，并积极投入轨道交通建设，不仅在深圳、苏州和长沙等地的地铁建设中发挥重要作用，更响应"一带一路"号召,参与到伊朗、印度、韩国、墨西哥和哈萨克斯坦等国地铁轨道交通项目之中。

努力没有白费。截至 2017 年,康力电梯在全国设立分公司 46 家、服务中心 38 家,还有国外代理网点 51 家;与包括大连万达集团股份有限公司、绿城房地产集团有限公司、碧桂园控股有限公司在内的 30 多家大型房地产企业建立长期战略合作伙伴关系,电梯、扶梯销售额达 32.8 亿元,其中国内销售额 30.2 亿元、国外销售额 2.6 亿元。

雄关漫道真如铁,而今迈步从头越。永远一身白衬衣、深蓝西服的王友林并不认为自己和康力电梯已经获得了成功:"我们已经有一定的发展基础,有了一些管理、市场、技术等方面的经验积累,但是,企业发展是一场永无休止的马拉松。"王永林清楚地认识到,在行业大洗牌的环境下,康力电梯必须以更开放的心态解放思想,以更大的勇气、更强的信心、更足的干劲来面对更加繁重的发展任务和更加激烈的市场竞争,才能在"不进则退"的残酷竞争中走向成功。我们有理由相信,在王永林的带领下,康力电梯必将越走越远。

康力电梯王友林董事长：
提供亲人般乘坐的电梯

文 / 谷学禹

《董事会》杂志

2020年3月

导语 今年是中国资本市场成立30周年。阳春三月又喜逢康力电梯上市10周年庆。康力电梯是一个以做强民族品牌为己任的电梯专业企业，是中国电梯业第一家上市企业，在王友林董事长的带领下，一直践行产业报国、实业兴国的初衷，坚持高质量、可持续的创新式发展。23年的创业、上市10年的历练和积淀，成就了康力电梯快速发展的丰厚底蕴以及康力人矢志"植根中国，服务全球"的发展理念，同时为实现"世界品牌，基业长青"的康力梦而砥砺前行。

2020年3月8日，康力电梯苏州总部。王友林董事长捧出一堆资料，这是他刚刚整理总结出的"成绩单"。创业以来，员工薪酬和福利超过50亿元，现有员工4 800余人。个人和公司捐款、捐物13 000多万元（其中个人1 200万元）。

产品出口60多个国家。公司提供上下游供应链（供应商合作单位、安装及维保合作单位）的就业岗位25 000余个。23年来，参加安装人员累计65 000人，解决了大批人的就业。公司上市以来，高档电梯做得比较多，特别是3米以上的超过1 000台，其中国内重载公共交通3 633台，中标国内62条轨道交通线、国外28条。申请国内专利875件，其中发明专利69件，国际专利11项，软件著作权27项。王友林说："一是技术领先，几大核心部件都是自己研发的，其中

《董事会》杂志高端访谈

二代一体机自己研发自己生产，主板加驱动单元；二是电梯主机也是自己做；三是检门机系统自己做。国内企业三大核心部件自己做的很少，外国也有一部分是外包的。核心技术我们掌握在自己手上。其中的扶梯，由于面积大，核心部件驱动，控制系统和不锈钢梯级也是自己研发和生产的。"说到此处，王友林不无自豪，这样的"成绩单"值得晒，康力电梯作为民族品牌名副其实。

《董事会》： 您为什么对电梯行业有这么深的情结？

王友林： 20世纪90年代末到21世纪初，电梯行业大量外资企业涌入，一台电梯可能要卖100多万元。强烈的使命感、责任感和民族品牌意识让我从电梯配件经营转到整机市场。我相信，只要专做和专注，就可以把一个行业做好，把一个产品做好。努力总会有收获，总能达到目标的。

康力电梯自动化钣金生产线

电梯尽管是传统产品，但却是必备的交通工具，具有和飞机、汽车、轮船一样的功能——运输。早在公元前1100年前后，我国古代的周朝时期就出现了提水用的辘轳，这是一种由木制（或竹制）的支架、卷筒、曲柄和绳索组成的简单卷扬机。公元前236年在古希腊，著名的科学家阿基米德制成了第一台人力驱动的卷筒式卷扬机。这些都是电梯的早期雏形。1854年，美国人伊莱莎·格雷夫斯·奥的斯在纽约的水晶宫向世人展示了人类历史上第一部真正意义上可操作的安全电梯。首部电力驱动的"电梯"则出现于1889年。截至2018年年底，全世界有1 500多万台电梯，而中国境内约有650万台，占比40%以上，市场需求大；但我国平均140人才拥有一部电梯，而欧美等发达国家平均60~80人就拥有一部。这主要是由于中国的城镇化率较低，至少要达到70%才能赶上欧美电梯密集水平。电梯一般用在住宅、写字楼、商业综合体、地铁、高铁、机场、风景区、展览中心等场合。另外还有家用电梯，如别墅用梯、老旧小区家装梯。按照规划，预计需要260万台。电梯一般要每10年大修一次、每15年改造一次，厂家需要承担电梯的大修、改造和维保。目前中国新电梯很多，保养业务价格竞争很厉害，但整个业务还是比较大的，包括轨道交通需求量也大。

《董事会》：基于市场的需求，您如何考虑企业的战略发展？

王友林：我们在2012年制定了"55321"战略，即用五年左右的时间实现五大战略，构建三大体系，促进两大转型，实现一个目标。五大战略是人才战略、品牌战略、资本战略、信息化战略以及文化战略。三大体系即构建研发创新体系、生产能力提升和质量监控体系，以及营销网络和售后服务体系。两个转型是指观念和价值转型，以及企业结构形

晨曦中的康力电梯试验塔

态和经营模式的转型。一个目标即 2016 年实现产值翻一番以上，探索世界品牌、基业长青。

《董事会》：为实现上述战略目标，着重采取了哪些举措？

王友林：第一，创新文化理念。我们将"以客户为中心，以奋斗者为本，长期艰苦奋斗，坚持自我改进"思想贯彻全员；以"自主创新，民族品牌，产业报国"自勉驱动。这也是康力人的文化基因。第二，健全制度。我们是以自然人控股的上市公司，要建立"三会"制度；公开、公平、公正披露信息，不得有虚假记载，不得有重大遗留，不得有误导性陈述；大股东（控股股东）不能有黑色内幕交易；募集的资金要专款专用；要有良好的业绩回报社会和股东。第三，加强管理。企业是纵向的。一要有好的直销考核，考虑每个部门的岗位职责以及部门相互之间的关系；二要精细化管理；

三要信息化管理。有时"两化"需要融合管理。第四，技术研发要不断创新，要有专利、标准等。第五，做好营销。电梯是终端产品，产品要好，要有营销服务网络，也就是渠道，同时做好服务，包括售前、售中、售后，营销是用数据说话。第六，提升技术和质量。我们将质量保证体系、环境保护体系、信息化体系等八大体系融合，保证高效运行，出厂、验收、交付一次全部合格，让用户满意。第七，改善资产管理。资产需要优化，"厂房永远缺10%"的举措有力提升了利用率。第八，承担生产责任和保障社会安全，包括人身安全、产品安全、印章安全、网络媒体安全等，管控好舆情。第九，履行社会责任，包括绿色环保、爱心奉献等。

上述举措的实施一定要让员工不断得到成长。只有员工成长了，企业才能得到发展。员工待遇要提高，能力要提升，精神状态要好，企业真正做到"待遇留人，感情留人，事业留人"。

《董事会》：那如何激励员工？

王友林：再好的产品，只有销售出去，才能显示产品价值。我最近在研究营销队伍的激励，采取一种项目"跟投"的方式，销售队伍人员收入就是"平时工资＋绩效＋完成奖＋超额奖"。

《董事会》：对于企业的传承和接班，您有着怎样的想法？

王友林："能者上，庸者下"，要有能力的上，不拘一格。

《董事会》：当前是抗击新冠疫情特殊时期，您是如何带领企业支持社会抗击疫情、爱护保护员工、恢复和促进生产经营的？

王友林：我在大是大非面前，反应是比较快的。我们大年初二就成立防疫小组，我任组长，然后想办法去置办口罩、酒精、防护服等，党员干部一线测温。家人是医护人员、警察、社区工作者、志愿者的，员工在家休息，工资照发。我们有40多位员工还在武汉疫区维保，我们买了口罩、中药等防护用品想办法送过去，保护措施及时得力，没有一位员工被感染。我们慰问海外客户，包括韩国、伊朗、意大利等重灾区的客户，寄给客户口罩和测温枪。有一个员工正月初九就到韩国去了，公司立即通知他回来。我自己2月15日到苏州地铁去慰问员工，检查电梯运行情况。这是防疫，保护员工，安全健康第一，责无旁贷。

《董事会》：康力电梯是国内电梯行业第一家上市公司，是受人尊敬的企业，您是受人尊敬的企业家。您认为企业家应该具备怎样的企业家精神？

王友林：我认为企业家应该具备以下5点企业家精神。

第一，企业家要有博大的胸怀，爱祖国、爱人民、爱社会。第二，要有自主创新、自主品牌、产业报国的情操。第三，要有愿景、使命和价值观。我们康力电梯的愿景是"世界品牌，基业长青"。我们的使命是"为用户提供亲人般乘坐的电梯和卓越的服务"。我们的价值观是诚信、感恩、创新、超越。第四,要专注。一个行业、一个产品,把它做好做精,做成世界品牌。第五,要有社会责任。首先要回报我们的股东、员工、用户、供应商和合作单位以及社会。对于社会,我们要提供绿色、环保的产品,同时我们工厂周边的生产环境也要得到保护,不能影响周边的居民。其次,有条件要进行捐款。一方有难,八方支援。最近,武汉发生疫情,我们第一时间给武汉市慈善总会捐了100万元,又向苏州市吴江区慈善基金会捐款50万元。我是商会会长,我们商会累计捐了300多万元。2008年汶川地震,我们第一时间捐了400万元。从公司成立至2020年,我个人和公司捐款累计超过12 000万元。这是爱心,我们应该做的。

《董事会》:康力电梯致力于成为极具国际竞争力的综合服务商和品牌运营商。同时,我们也对康力电梯下一个凝聚智慧、汇聚力量的10年发展充满期许。您如何考虑下一个10年的发展?

王友林: 未来10年,我们要在文化、制度、管理、技术、质量、生产、营销、资本运作等各个方面全面优化和创新。具体讲,就是要比现在的各个方面做得更好,业绩翻一番以上,品牌更响,质量更优,用户更满意。为社会、为股东、为员工、为上下游客户、为合作单位做出更大的贡献,早日实现百亿产值。

沉着应对　防患未然　坚持初心　扎实奋进
——浅谈疫情下的康力与电梯制造业

王友林

《中国企业的韧劲》（人民日报出版社）

2020 年 11 月

彼得·德鲁克（Peter Drucker）："动荡时代最大的危险不是动荡本身，而是仍然用过去的逻辑做事。"

2020 年之初肆虐蔓延全球的新冠疫情给中国经济、社会和世界格局带来"史诗级的震荡"，用"危机"来形容当下和今后很长一段时间的宏观和微观经济形势并不为过。

作为中国电梯行业首家整机、整体上市企业——康力电梯股份有限公司（002367）的创始人，面对突发的疫情，我与经营团队"高度敏感、沉着应对"，确保企业"万无一失"，并力求"危中求机"，先稳住发展态势，后谋求中长期规划发展。适时进行战略决策、人力资源应对、经营管理调整，侧重抢抓市场营销、落实技术和产品创新重点、布局数字化升级、谋划骨干股权激励,并持续推进基础管理变革,尽最大努力消除或降低疫情危机所带来的威胁和损失;同时,着力加强公司危机管理的常态化并深度分析疫情危机下公司的未来走势。回顾年初以来的做法和思路,形成这篇不成熟的体悟性总结。因疫情危机对经济的空前冲击和影响不断变化,文章难免有偏颇之处,敬请专家、学者批评指正。

一、沉着应对,安全无虞:疫情之下的康力电梯

临近岁末,2020年元旦后,我与往年一样,进入公司新年预算、年终结算、经营规划、表彰总结大会和区、市两级党代会及区、市、省三级人大以及各类行业团体年终会议工作模式。

1月21日下午起,公司开始春节假期。几乎多年全年无休的我,原计划与家人去广州休整几天,此时就有朋友不断从武汉传来消息,提及"未定性的肺炎潜在不确定的风险与影响"。于是我果断放弃广州之行,并开始密切关注武汉及疫情各种消息动向,隐隐的担忧让我预感对年后的开工不能掉以轻心。

1. 积极履行社会责任,稳妥安排复工复产

随着疫情蔓延、武汉"封城",形势变得不乐观。1月26日,大年初二,我召集公司总部部分管理者召开了第一次应对疫情的分析会;同一天,公司捐助武汉市慈善总会100万元支援抗疫行动,后又于2月4日,捐助公司所在的苏州市吴江区慈善基金会50万元支援疫情防控。

康力支援武汉疫情防控票据

2月1日,由我挂帅,正式成立康力电梯疫情防范工作领导小组,发布《新型冠状病毒防疫工作规定》,陆续出台系列措施保障防疫物资及复工流程的安检、消毒、用餐、生产,确保公司复工后员工健康。

2月3日,公司发布《新型冠状病毒防疫工作规定(第1号)》(特别发布);2月4日,公司发布《康力疫情防控工作方案》。随时根据疫情变化和地方政府相关要求,及时调整、延后复工时间。

2月8日晚,公司发布《新型冠状病毒防疫工作重要通知(第2~3号)》文件,对复工安排做最新部署。决定符合条件的苏州本地"部长助理及等同职位以上(含)科室人员",正式返岗复工时间为2月13日;符合条件的其他员工于2月17日到岗上班。2月12日上午,公司梳理满足2月13日上班人员状况(第一批)、人员明细;2月12日下午,公司公共场所进行全面消毒。

2月13日上午,正式开始复工,部分员工到厂上班,同时公司召开机构(部门)、子公司负责人会议,强调康力上下要"高度重视、统一认识、全员参与、人人有责";领导干部和党员要冲在一线,起到带头作用;工作要下沉,务必要做到"仔细,仔细,再仔细";公司要树立坚强的信心,拿出必胜的勇气,贯彻扎实的举措,全力做到产品稳、成本优、销售强、领导强、品牌响。

康力标准化通知文件

2. 保障员工薪酬，慰问一线基层员工

应对疫情冲击，最重要的是发挥员工的价值，而不是降薪和裁员。康力爱护员工，安全健康第一，责无旁贷。公司向全员告知：疫情期间，公司不降薪，而且即使没有政府减缓社保、医保缴纳的政策，公司同样足额为员工缴纳。员工家人是医护人员、警察、社区工作者、志愿者的，员工在家休息，工资照常发放。

公司全国营销分公司和服务中心有百余个，制造子公司有中山和成都两家。这些员工的健康和情绪时刻牵动着我与总部的神经，我们有40多位员工还在武汉疫区维保，我们买了口罩、中药等防护用品想办法送过去。我们慰问海外客户，包括韩国、伊朗、意大利等重灾区客户，快递给客户口罩和

检查维保工程和慰问一线员工

测温枪。有一个员工正月初九就到韩国去了,公司立即通知他回来。由于保护措施及时得力,公司没有一位员工被感染。

2月15日,我前往一线慰问苏州轨道交通电梯维保人员,以此表达对公司在全国各地坚持一线工作的"无名英雄"的关心。

3. 创新产品功能,推出防疫电梯

在新冠疫情防控工作中,电梯是防疫重点场所,电梯内空间狭小、通风不畅,按键接触可能会造成疫情的再次传播,每天进出电梯容易增加疫情传播风险。公司适时推出了EOS 无感呼梯、轿厢通风杀毒系统。

无感呼梯主要是通过手机端扫描电梯内设的二维码或手机APP自动生成的二维码实现无触呼叫乘梯;还可以通过人工智能(AI)人脸识别实现无触乘梯。公司在电梯口设置摄

康力人脸识别乘梯

像头,对乘坐人员数量进行研判,如果同时乘坐人员数量过多,后台智能模块会引导其他空闲的电梯来"支援",尽量分散人流,有效降低疫情传播风险;通风杀毒系统是在电梯内安装紫外线消毒灯和负离子净化设备。

防疫电梯新功能得到媒体和业界广泛关注和称赞,目前,公司该项创新及测试顺利完成,并将马上免费安装到使用康力品牌的医院和酒店。我们一贯坚持,满足客户和市场需要的创新功能不仅是技术发展的需要,更是社会责任的担当体现。

4. 低调、冷静,静悄悄的上市 10 年庆

今年 3 月,康力迎来上市 10 周年。疫情当前,公司取消拟定的晚会、论坛等庆祝活动。低调的庆祝并不影响管理团队不忘初心、心态归零的冷静总结和思考。

上市 10 年,康力总股本从 1 亿股增加至 7.98 亿股;公司资产总额从 9.43 亿元增长到 58 亿元;12 次利润分配,共分红 18.08 亿元;营业收入 2009—2019 年实现了 8.24 亿元到 36.6 亿元的飞跃发展。公司员工从 2010 年的 1 966 人壮大到现今的 4 747 人;公司各类社会捐款捐物逾 12 000 万元,其中我本人捐款捐物超过 1 500 万元。

品牌影响力、综合实力增强,2016 年即以 43.63 亿元品牌价值高居行业榜首,荣登"中国品牌价值评价信息"榜单,2018 年、2019 年以 68.65 亿元品牌价值、72.70 亿元品牌价值,连续两年稳居中国电梯品牌价值首位。

在欣慰于取得的成绩的同时,我们也清醒地看到疫情对

2014年12月,出席中国-哈萨克斯坦企业家委员会第二次全体会议

康力 2020 年业绩的影响和未来康力自身亟须补齐的短板。

二、转型提速、品牌分化:疫情危机下的行业影响与变化

疫情危机对电梯行业的影响,从短期看有与其他行业相近的特点,如物流梗阻、项目开工停滞、订单交付延迟、用工困难、中小企业现金流告急等,但也存在行业特有的影响。

1. 维保业务的物联网、数字化应用

"经此一役",电梯维保业务在远程电梯监控、远程电梯故障排除等数字化、物联网技术应用方面,得到物业、开

发商和业主等社会公众对电梯数字化解决方案深入的理解和认同。

康力物联网示意图

近年来，国家一直鼓励电梯企业积极应用数字化工具和信息化手段的创新，推动电梯行业实现更加高效、智能的转变。国家和中国电梯协会陆续出台了统一的物联网技术标准和规范要求，如《电梯、自动扶梯和自动人行道物联网的技术规范》(GB/T 24476—2017)、《基于物联网的电梯、自动扶梯和自动人行道监测系统的通用要求》(T/CEA 701—2019)等。疫情中，中央和地方政府也鼓励通过物联网远程监测系统在线实施检查维护，或者通过视频等信息化手段进行远程检查维护。在某种意义上，可以说疫情倒逼了传统监管模式的改变。

2. 按需维保推动监管模式改变

为保障疫情防控期间电梯安全运行和民众乘梯安全，多地市场监管局响应国家市场监管总局通知，发布电梯日常维护工作可不受15天维护一次的工作规定限制的通知，这呼应了行业的呼吁。实行电梯按需维保，须建立科学的工作企业评价体系，规范服务市场，奖善罚恶，加快推进电梯服务行业的健康发展。

3. 行业的现状、变化与机遇

总体来看，中国电梯行业目前呈现出产能过剩、产品趋同、竞争激烈、品牌分化、洗牌提速、新增长点维保市场价格混乱无序等特点。但潜在市场需求仍有很大空间，特别值得关注的是疫情下推出"新基建"（如轨道交通、机场建设等）带来很大的电梯市场需求。

截至 2018 年年底，全世界约有 1 500 多万台电梯，而中国境内约有 650 万台，占比 40% 以上，市场需求大；我国 140 人左右拥有一部电梯，而欧美等发达国家 60～80 人就拥有一部。这主要是由于中国的城镇化率较低，至少要达到 70% 才能赶上欧美电梯密集程度。电梯一般用在住宅、写字楼、商业综合体、地铁、高铁、机场、风景区、展览中心等场合。另外还有家用电梯，如别墅梯、老旧小区加装梯等，按照预测，加装梯预计需要 260 万台。电梯一般要每 10 年一次大修、每 15 年一次改造，厂家需要承接电梯的大修、改造和维保业务。

经过 30 多年快速增长和发展，近 5 年中国电梯市场从宏观政策、制造模式、配套合作、安装维保、市场监管到用户需求的生态链条正在发生新的变革，需要电梯企业主动适应变化。

电梯行业告别高利润时代，企业需要面对"低价竞争，以量取利"的残酷竞争环境。自 2015 年起,在钢材涨价的压力下,企业利润纷纷下滑。单一指标变化就导致一大批企业的利润跳水,这反映出企业管理的短板,以量取胜,摊薄制造成本,甚至偷工减料、以次充好,导致"丰产不丰收"。

"互联网+"驱动电梯制造升级与服务网络化变革。电梯作为典型的机电一体化产品,研发制造体系的数字化升级、物流体系的实时跟踪、安装和维修过程信息指导以及远程监控服务平台等成为大势所趋。

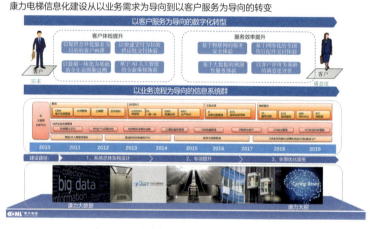

康力数字化转型模型

电梯企业加速向制造服务型转变,维保电梯数量成为市场争夺焦点。电梯存量激增后维保成为新业务增长点,电梯企业向后市场服务快速转型,竞争重心逐步向后市场转移。抢占电梯维保后市场利益成为企业发展战略的决胜关键,谁拥有了电梯后市场,谁就能赢得未来。

此外，科技创新、绿色发展、保护环境、产业链升级等外力因素变化，加之需要适应今年突如其来的新冠疫情等不可预见的事件的影响，迫使电梯企业必须主动管理创新、加快转型升级步伐。新的生态环境下，电梯企业将面对诸多挑战，需要主动转变，重新确立发展目标、维护产业链资源、提高管理绩效、推进精益管理、提升用户满意度，赢得持续发展。

三、未雨绸缪、防患于未然：危机管理的常态化

企业在发展中随时会遇到来自企业内外部、影响生存的突发性经营、管理、安全、竞争等危机。未雨绸缪、防患于未然的危机管理的常态化是企业不容忽视的必修课。

1. 如履薄冰的危机意识

普遍而言，没有万无一失的周全，危机常常不请自到。在创立康力电梯后的 23 年间，我无时无刻不紧绷着危机突来的弦，隐忧和焦虑伴随无数次夜半醒来的失眠。

互联网时代公众媒体与自媒体的"双刃剑"和"暴力"倾向成为高悬在企业头上的"达摩克利斯之剑"，外部环境的突变和内部运营隐含的危险积累不经意间就会变成重大危机，只有保持警觉的清醒头脑，冷静分析内外部环境，炼就"火眼金睛"，才不会在危机来临时手忙脚乱、毫无头绪。

2. 常设与应急的危机管理决策、执行机构

康力电梯建立了一把手负总责、高管团队分任常务组

长的生产、安全、环境、质量、危机公关等常设"重大突发事件管理委员会"及具体处置的领导小组。如在疫情危机面前，公司立刻启动上述委员会和小组，旋即成立专项"疫情应对小组"，制定整体目标、响应机制、应急预案、人员分工方案，确保针对各种情况做出迅速的决定。

3. 早、快、诚、恒的处置原则

毋庸置疑，企业危机如海啸般排山倒海，用"摧枯拉朽的毁灭性"形容也并不过分。多米诺骨牌、蝴蝶、涟漪、破窗效应等的危害对企业都是致命的。第一时间发觉早、应急反应速度快、面对媒体公众态度诚、管理长效机制恒，是我多年在面对危机方面的4个体会与处置原则。

4. 科学、全面评估风险

危机会带来什么？要有慧眼看到最坏的结果和最关键的要害。如面对员工、外包方、政府、公众、供应链等方面的风险，要及时对办公场地、生产计划、采购供应物流、人员安全、财务资金等重大事项进行周密安排。

5. 正向信息沟通与传递

建立正面、积极的内外信息沟通机制，形成标准的沟通文件，稳定内部员工和外部合作伙伴的人心，加强宣传口径和标准话术管理，避免因为疏忽或不统一造成负面舆情。

6. 适时调整预算与执行方案

疫情当前，调研机构调查结果显示，46% 的企业调低了 2020 年的业绩指标。同时，企业应关注现金流，根据上下游供应商和客户的节奏以及经营计划节奏，安排好企业的现金调度，确保资金安全，密切关注国际进出口贸易局势等。

7. 履行社会责任，确保发展战略可持续

企业应服从政府统一规划和安排，协调好利益相关方，坚持把社会责任纳入决策范畴，持续提升企业在社会公众中的形象。

8. 升级企业的风险管理机制

危机的管理对企业是"生死度劫"的大考。康力以本次疫情紧急事件处理为契机，升级系统的风险管控工作机制，提前识别重大风险并建立风险应对方案。我认为，强化风险管控系统与在第一时间处理负面事件具有同等的重要性。

四、转型升级、砥砺奋进：康力未来之路

上市 10 周年之际，我在接受《董事会》杂志"高端访谈"中谈到未来 10 年的康力发展路径，"我们要在文化、制度、管理、技术、质量、生产、营销、资本运作等各个方面全面优化和创新。具体讲，就是要比现在的各个方面做得更好，品牌更响，质量更优，用户更满意。为社会、为股东、

为员工、为上下游客户、为合作单位做出更大的贡献"。

1. 坚定文化与价值观

康力创立 23 年来，不断扎实成长和创新求变，不变的是流淌在康力人血液中的价值观。"以客户为中心，以奋斗者为本，长期艰苦奋斗，坚持自我改进"是康力一路走来的压舱石和定海神针。

康力是一家有品牌雄心、使命感极强、追求基业长青的企业。"为用户提供亲人般乘坐的电梯和卓越的服务"始终是康力的使命和第一要务。康力始终专注和深耕主业，心无旁骛、无问西东，在电梯领域敢于挑战，对标世界百年头部品牌，不断超越，是康力管理团队"基业长青"的长线战略愿景。

2. 坚持制度管理优化

固本强基是可持续成长的经营依托。上市是康力发展的一个里程碑，在文化的先导指引下，近 10 年，康力基础管理不断改革和优化，制度规范的现代化治理体系保证了公司的运营、业绩和战略实施。

在基础管理上，康力让平台赋能变革，为企业效率和效益提供新动能。公司紧密围绕"深化九大创新，提升七个质量，提升组织效能"的总体发展、经营思路，在战略营销、降本增效、研发创新、管理提升等方面狠下功夫。

在组织与人才上，公司以"精兵简政，优化职能，协同高效"为原则，对组织架构、流程管理进行了优化和调整。

把"以奋斗者为本"作为准绳，2010年实施股权激励，发展和培养有奋斗精神的高素质员工。在绩效考核上，以"品质、能力和绩效考核结果"为准则，加大考核力度，实施优胜劣汰。

头脑风暴会、合理化建议常态化是具有康力特色的管理创变法宝。2016年7月的井冈山会议、2018年10月的西塘会议、2019年7月的湖州龙之梦会议，是公司聚焦人才、战略、管理的里程碑式管理变革会议。10年来，通过持续对内部经营管理、外部竞争环境变化进行深入分析，康力不断在研发创新、管理信息化创新、绩效考核创新、智能制造创新、安装维保创新、采购管理创新、质量零缺陷创新上取得突破。

2016年6月，康力干部在井冈山召开头脑风暴会议

3. 坚持数字化转型战略

数字化是企业发展的必经之途、未来之路，是一场深刻的思维和经营革命。康力利用数字技术彻底改变公司的业绩及管理触角，包括通过数字化手段优化内部组织流程的管理、提升效率，让管理者通过数据基础和数字化分析进行更为科学与智能的决策，让员工从烦琐的工作程序中解脱出来，提升效率。

围绕流程优化、卓越运营和前沿数字业务3个领域，康力加快实现从信息化到数字化再到工业互联网，从管理业务数字化到数字化业务发展。一方面，信息技术为产品和服务赋能、赋值、赋智，提升产品和服务的交付能力；另一方面，也为客户和乘客提供了更好的体验和获取潜在增值服务的机会。

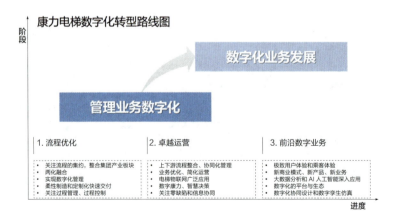

康力数字化转型示意图

4. 坚持技术、质量领先

没有核心、前瞻性技术,没有质量保障,企业将永远处于被动地位。坚持研发创新优先,康力上市后年均投入高于营业收入 3% 的费用用于技术创新。2011 年 12 月,康力技术中心晋级"国家认定企业技术中心",其重要性不亚于上市 IPO。

2010 年、2014 年、2017 年,公司先后完成 6 米 / 秒、7 米 / 秒、10 米 / 秒超高速电梯的研发,不断打破国外技术垄断;2012 年,凭借自主研发的 KLT-XF 梯型承接张家界天门山项目,获得 2015 年度"电梯世界工程奖",重载公交型扶梯在全国和海外全面开花,创造了行业在轨道交通领域的"康力现象";在节能环保、电气、电梯物联网、一体化控制等领域赶超行业领先水平;持续推进产学研合作平台,实现关键技术和"互联网+"的创新突破。

零缺陷、可靠、稳定,是康力对产品质量的一贯追求。康力继续加强全方位、全流程、全员质量推进工程,不断探索"七个质量"协同推进的方针战略,通过质量月活动,苏州市、江苏省质量奖项申报,以及用户满意度等促进质量行动扎实落地。

5. 坚持发展模式的五大转型

康力 23 年的发展历程不算长,也不算短。得益于改革开放、经济腾飞的机遇红利,依靠自身的活力机制和品牌追求,公司取得了长足的进步和发展。但面向未来,我们清醒地看到发展模式上与时俱进、适时转型的必要性。

实现高质量发展，将由速度型向质量效益型转变；抢抓维保服务新增长点，将由规模、制造型向制造、服务型转变；总部思维，释放分支活力、个人价值，康力将由业务型向平台型转变；市场竞争加剧，将由机会型向管理型转变；品牌提升，努力实现中国品牌向世界品牌转变。

企业发展是一场没有止境的马拉松。心怀梦想，不忘初心，既不妄自菲薄，更不妄自尊大，瞄准世界一流标杆企业，有赶超的信心和勇气，不断提升科学运营能力，康力将迎来更加扎实的成长。

疫情危机的短期震荡影响已充分显现，深远的系统性风险还远不可知，但端倪可见，没有谁可以掉以轻心。中国经济的韧性和修复能力强，中国企业也应在危机中坚定信心，看到机遇和广袤的光明未来。

《中国企业的韧性》

承载人与梦想　锻造世界品牌

——康力变革与王友林雄心

《电梯》杂志（*Elevator*）
2021 年第 8 期

"现代管理之父"德鲁克曾说过："我们无法左右变革，我们只能走在变革的前面。"在这个充满变数的时代，对于中国电梯企业而言，谁能把握时机、主动寻求变革，谁就能走得更远。2021 年 3 月，康力吹响了企业管理变革的号角。

2021 年 8 月 29 日，康力电梯董事长王友林像往常一样早早地来到办公室，拿起一份待批的企业管理变革工作报告，开启了他繁忙的一天。"进入资本市场 11 年来，康力确实取得了长足的进步，但面对新的行业形势，走老路到不了新的目标，我们必须以归零心态，彻底放弃昨天的治理机制和管理模式，下定决心提升自我并为行业创造新的价值。"王友林说。

系统大蜕变

王友林清晰地认识到，随着行业竞争和企业分化日趋严重，特别是在原材料价格持续上涨所带来的经营压力下，康力想要保持快速增长和健康发展，必须进行一场全景式变革。

"过去，我们总是习惯于自己摸索管理，也一直在局部小改小革，但内容零散、不够系统、缺乏高度和更高格局，甚至在一些重大决策上模棱两可。现今，我们必须审视企业运营与管理上存在的短板，警惕组织内部的熵增，通过借助外部专业机构的力量开展系统变革，夯实科学管理基础，更好地落地客户价值，实现业绩倍增。"王友林表示。

谋定而后动。2021年3月28日，康力二次大创业、企业变革启动大会在康力总部举行，正式开启康力在王友林1993年下海创业、2010年上市之后的第三个"春天的故事"。借力专业咨询顾问公司，康力开始了以"开启变革征程，实现凤凰涅槃"为主题的3年系统管理变革项目。

在这场变革中，康力旨在通过加强以战略为牵引的长期发展的顶层设计，进一步推动管理升级向纵深拓展。"我们所有的行动都要紧紧围绕以客户为中心，对企业治理与人力资源、战略市场与品牌、销售和服务管理、产品研发、供应链以及财务经营六大模块进行系统性变革。"王友林表示，在新一轮中期战略中，康力将持续以增长、效率、利润为核心，构建科学的管理体系。

作为这场变革的领头人，王友林始终认为变革就是全景式经营,需要全体员工躬身入局,但变革绝非"灵光一现",而是艰苦卓绝的工作。"除了变革的决心之外,更核心的关键词是组织机制和文化的变革,我们要让变革成为企业的每个部门和各级管理人员的经常性工作内容。"

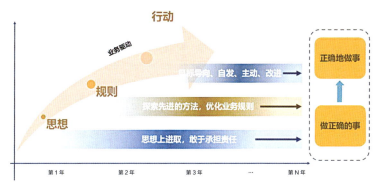

认知改变、规则重塑、行动落地

重磅新文化

文化是企业的灵魂和格局。王友林董事长说:"企业文化是经营哲学的清晰显性表达,它像空气和水一样,无处不在,生生不息。"

变革的基础是认知的改变,自上而下的文化变革是康力系统蜕变的先导。"格物致知,知行合一"是企业持续卓越经营的根基,以文化先行的康力变革就是基于这样的逻辑理念。

经过管理层一段时间的共创研讨,在征集员工意见的基础上,康力发布了全新的企业愿景、使命和核心价值观:愿景——"承载人与梦想,丰富智慧生活";使命——"提升用户体验,锻造世界品牌,赋能产业生态";核心价值观——"以客户为中心,以奋斗者为本,长期艰苦奋斗,坚持自我改进"。

"我们的目标很明确,那就是通过不断提升企业的管理水平和技术水平,突破在核心竞争力方面的瓶颈,未来成为世界电梯产业的领导者之一。与此同时,让员工和企业共同成长,让员工收获应有的回报,成为值得行业尊重的模范企业。"王友林表示。

为此,康力提出了"加强基础管理能力,抢占市场份额,复合增长率超过 30%"的短期目标,并通过苦练内功、持续投入实现跻身世界品牌前列的长期奋斗目标。

企业文化的"洋葱模型"

变革初成效

2021 年上半年,在竞争更加残酷、上游大宗商品原材料价格大幅上涨、下游行业需求复苏不稳定的严峻形势下,康力直面挑战、锐意进取,上半年实现营收、利润双增长。

在这份成绩单背后,是康力团队一如既往地聚焦市场营销、优化技术产品的市场适配度、开源降本、提升综合运营质量,我们更感受到变革带来的可喜变化。思想决定人和组织的变化,5个月的变革推进中,康力举办了多次中层以上干部赋能培训大课,如"掌握灰度管理艺术,从容应对不确定性——康力领导力发展与沟通""英雄好汉站起来,勇做康力火车头——干部管理的道、法、术""组织目标与绩效管理""企业文化与团队凝聚力""打造引领业务前行的干部队伍""组织管理与会议议事规则""端到端为客户创造价值的LTC流程预启动讲座"等课程。这些赋能举措打通和统一了康力团队的发展逻辑、哲学思维和战略认知,团队高度一致,相信变革,凝聚思想共识,深刻认识到变革力、大格局是成就百年基业长青的好企业的关键。

康力厘清和确定了更为科学的企业治理架构和经营全景图、经营系统化架构;明晰了公司运营发展的前、中、后台各司其职并作为治理架构的核心思想。在人力资源方面,洞察人心,管理人性,以价值创造循环管理为宗旨,共同编写实现价值创造、价值评估、价值分配的《人力资源管理纲要》,并即将落地。组建了康力核心经营管理团队,确定运营机制,干部任用民主、事权集中,科学决策与制衡。持续与咨询公司研讨组织架构、干部任命管理标准等关键性制度,陆续落地推进执行。

战略是引领和牵引公司的关键系统。康力参照华为战略管理的"五看三定"核心框架模型,通过对行业趋势、客户、竞争对手、市场机会以及自身的悉心洞察,捋出一条战略主线,锚定差异化的路径和节奏。在业务主体上,侧重市场品牌、战略客户、轨道交通、文旅、家用、加装、后市场、大修改造等销售服务单元进行深入透析。技术平台中的研发、产品开放、测试、项目技术创新亦在变革后成为前台业务主体的组成部分。

战略管理"五看三定"

战略决定业务,业务决定流程,流程决定组织,组织决定人才,人才决定绩效。遵循这样的逻辑思维,在营销服务模块上,以为客户创造价值为中心,审视营销组织(特别是分公司建设)的开拓能力,触动营销分支机构以增长为目标的冲劲与动力。启动打造准时、高效、连续的全球供应链体系,召集康力供应商伙伴专题赋能长期战略共赢合作。

在这次变革中,康力公司内部处处传递着"为客户价值创造""以奋斗者为本""未来""创新""可持续发展"这样的信念。思想在天上,行动在地上。春风化雨,康力将以确定性规则应对外部不确定性,强化规则的落地执行;春华秋实,康力将以中国制造的使命感、责任感乘风破浪、一往无前,与同路人一道披荆斩棘,持续锻造世界品牌,赋能产业生态,做一家受人尊敬的伟大企业。

"中国制造的根本出路在于比肩和锻造世界品牌,这对于年轻的康力而言,还有一段路要走。我们充满坚定的信心,通过这场系统性的变革,实现高质量、持续、健康、快速的发展。"王友林对未来充满了战略自信。

对话康力电梯董事长王友林

Elevator:我们都知道康力发布了新的"愿景、使命、核心价值观",您能否简单介绍一下?

王友林:企业文化是康力的定海神针,初心不改,当然亦要与时俱进。《周易·系辞上》中说,"日新之谓盛德";

出席 2017 年 11 月在越南召开的 APEC 会议

梁启超《少年中国说》写道,"惟进取也故日新"。中国传统文化始终重视与时俱进的创新与变化,而社会政治学家卡尔·多伊奇也振聋发聩地指出,当今世界唯一最巨大的力量是变革力量。基于此,康力在变革中把新文化内核——愿景、使命、核心价值观作为指引和先导来对待。

"承载人与梦想,丰富智慧生活"作为新的愿景,诠释了康力"不止电梯,还有梦想"的经营宗旨,希望通过稳健、持续的发展,推动电梯行业向更富科技含量、更智慧的方向发展,并在此过程中践行更大的社会责任。万物有灵,电梯亦承载人的精神、人的文化和人类文明,我们康力人让电梯"承载人与梦想",推进人类文明的进步。

"提升用户体验,锻造世界品牌,赋能产业生态",则是新形势下的康力发展使命。我们希望通过技术水平的提升和对用户需求的深刻理解,为用户提供更具价值的乘梯体验;作为全球电梯制造商 Top10 企业,康力将牢牢把握和世界领

《电梯》杂志封面人物

《电梯》杂志对话王友林

先品牌同台竞技的机会，推动核心竞争力再上台阶，从而最终进入全球电梯产业链的金字塔尖；当然，我们希望通过自身的强大，为整个电梯产业价值链生态发展发挥积极的催化作用。

当然，康力要想实现长远发展并赢得客户和社会尊重，一定要以客户为中心。在这个过程中，我们势必要以奋斗者为本，让员工和共同推动康力持续前行的人得到理所当然的价值认同。面对社会、行业以及客户不断提出的新要求、新挑战，我们必须做到：坚持追求卓越，坚持自我，不断精益求精。由此，"以客户为中心，以奋斗者为本，长期艰苦奋斗，坚持自我改进"成为我们的核心价值观。

Elevator：那么，康力当前推动企业管理改革的背景和初衷是什么？

王友林：做民族电梯品牌的扛旗者，是康力坚持不渝的奋斗目标。曾经，我们在夹缝中求生存、求发展，通过24年的不懈努力取得了当下不错的成绩，但这远远不够，我们需要乘着国家"以内循环为主体的双循环体系"的东风和"加快国产替代""解决发展中'卡脖子'问题"的政策方向，做大做强。

随着行业竞争日趋白热化和企业间分化速度加快，我们必须精准把握行业发展态势，审视企业内部存在的不足，打破部门之间的藩篱，通过借助外部专业机构的力量，推动企业的管理水平再上台阶。

我认为，热力学概念"熵"可以形象地概括电梯企业形态,随着经营规模的扩大,企业内耗就会增大,如果不借助外力对封闭系统进行变革,熵就会无序增加,从而导致企业失去活力甚至陷入无序发展局面。通过适时、适势的系统性变革,企业就能始终保持旺盛的活力,有足够的能力应对行业变化。

鉴于此,康力希望通过包括公司企业治理与人力资源、战略市场与品牌、销售和服务管理、产品研发、供应链以及财务经营在内的六大模块,进行中长期的系统性变革,从而推动企业迎来下一个发展巅峰。

Elevator:今年上半年康力取得了不俗的业绩,您如何总结这番成长?

王友林:面对激烈的市场竞争和诸多不确定因素,康力上半年交出了不错的业绩单。重要的是在原材料价格高涨、房地产行业深度调整、电梯价格战疯狂的背景下,我们的盈利能力仍能保持提升。

这与我们年初充分进行思想、战略以及战术上的准备密不可分,特别是3月底以来的企业变革为公司营造了浓厚的"二次创业"氛围,为成果逐步落地凝聚了力量,也加快了变革步伐。

通过内部管理系统的变革,我们降低了运营成本,效率也有了很大提高,并最大限度地将订单的有效性和产品价格控制在合理范围内。与此同时,在六大模块的深度改革背景下,无论是技术和产品的更迭、销售战略的有效制定,还是智能化服务系统的完善,都让我们体会到了前所未有的战略自信和积极变化。

Elevator：有质量的增长成为近年来行业共识，对此您怎么看？康力又是如何做的？

王友林：我经常在思考，一个企业的使命到底是什么？康力的存在不能单纯为了盈利，应更多地考虑坚持以可持续发展的方式创造长期经济和社会效益。要让企业真正能稳得住、可持续，唯有实现高质量发展，把精力放在经营质量和效益上。

为此，我们精雕细琢，通过高质量的产品全生命周期管理，实现对客户的价值回报。引领性技术与客户需求相结合的产品开发，是我们的创新准则。除了传统产品的更新换代

王友林与员工在 2015 年度苏州市"十大自主品牌"颁奖现场

外，将数字化和互联互通技术作为研发重点，以此提升客户的价值获得感。

在销售方面，我们更加贴近市场、贴近客户，去感知、掌握客户的真实需求和项目的进度。同时，我们更多地通过销售管理体系的完善，减少原材料价格疯狂上涨的不利影响，保证企业的健康发展。当然，我们在提升品牌影响力的同时，整合更多的渠道资源，透过管理体系结盟客户，如此一来可以有充足的精力和资源去深耕市场。

智能化、数字化是康力提升服务价值的关键之举。通过智能化、数字化技术的应用，我们不但可以实现现场维保的全过程监督，还可进行预防性维保，为最终实现按需维保做好铺垫。

***Elevator*：房地产客户集中度的提升给了康力怎样的压力和利好？**

王友林：很显然，近年来房地产行业的集中度不断提升，规模化正成为地产商实现增长甚至抵御金融风险的重要举措。这样一来，对电梯企业提出了更严峻的考验，要么打破脑袋挤进这些开发商的战略圈子，要么就被边缘化甚至退出主流市场竞争。

好在康力早在10多年前就开启了战略客户经营策略，先后与荣盛地产、龙之梦、碧桂园、远洋地产、万达、绿地等数十家Top100开发商建立战略联盟。"二八定律"告诉我们，只有全方位融入这些领先开发商的价值链体系，才能从根本上提升我们的市场占有率、竞争实力、品牌影响力甚至盈利能力。

也正是积极推进的大客户战略，让我们有底气、有实力与世界领先品牌同台竞技。

Elevator：这种背景下，康力体现出了怎样的核心竞争力？

王友林：在这个强者愈强、强者恒强的激烈竞争时代，想持续赢得客户的认同绝非易事。在"以客户为中心"的经营宗旨下，康力在商业力（战略与市场牵引业务）、客户力（营销服务）、平台力（公司治理与数字转型）、产品力（产品研发、制造与供应链）这些方面融合和协同发展，求新求变。

总之，围绕客户的需求，为客户提供更高价值的回报，是康力企业经营的永恒主题。在此基础上，在健康运营的同时实施一系列对长远发展有利的变革，包括管理体系的革新、新技术新产品的切换、对服务体系的进一步投入和优化等，也是康力的核心竞争力所在。

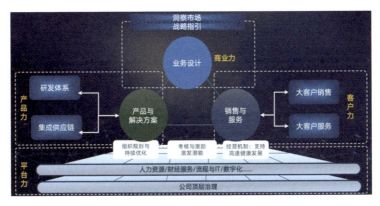

"四力模型"

Elevator：您认为当前康力和国际巨头的差距是什么？应该如何强化，才能取得更大成长？

王友林：对于中国电梯企业来说，这是一个最好的时代，也是极具挑战的时代。身处当今世界"百年未有之大变局"中，积极推动国产替代正成为时代命题，在此背景下的民族品牌肩负着重要的使命。当前来看，民族品牌已基本形成积极正向的生态循环，无论技术、制造水平还是品牌力和管理能力，都迈上了新台阶。

然而，我们必须清醒地意识到，与一些发达国家领先企业相比，我们在管理经验、技术积累和研发投入上仍然不够，需要持续提升。

此外，在资本运作和商业模式创新上，也存在短板。因此，利用资本的力量，并加快围绕产品全生命周期的商业模式创新，将是未来获得更多发展空间和盈利增长的重要方向。

以产品全生命周期的价值创新为出发点，康力着手从以制造为主向以智造与服务相结合为主转变，竞争优势从规模化供给能力向规模化与个性化兼具供给能力提升转变，以此实现高价值创造。围绕电梯产品全生命周期各环节，不断融入能够带来商业价值的增值服务，实现从提供单一产品向提供产品和服务系统转变。

与此同时，康力构建以目标客户核心价值诉求为导向的技术领先优势，以制造精益化为根本保障，追求产品在质量和工艺上的极致。

Elevator:作为全球电梯制造商 **Top10**,康力的远景目标是什么?

王友林:致力于打造更快速、更智能、更互联的乘梯体验,康力人积跬步、至千里,会用日复一日的努力执着前行。以品牌持续向上,以客户为中心,回报社会,做世界领先、卓越、长青的优秀企业。

Part Four

第四部分

王友林经营、管理妙语

- ★ 质量就是生命,产品等于人品。
- ★ 人才创造康力,康力造就人才。
- ★ 时间抓住了就是金子,抓不住就是流水。
- ★ 以企业为家,以质量为本。
- ★ 小胜依智,大胜唯德。
- ★ 财散人聚,财聚人散。
- ★ 事业能不能发展,关键靠体制、机制。
- ★ 当你工作中推诿时,你的上级和下级对你不信任的时候就到了。
- ★ 成功是优点的发挥,失败是缺点的积累。
- ★ 理论只是地图,实践才是大地。
- ★ 最大的敌人是自己。
- ★ 只要思想跟得上,办法总比困难多。
- ★ 德才兼备,破格重用;有德无才,培养使用;有才无德,限制录用;无德无才,坚决不用。
- ★ 机遇吸引人才,人才引领技术,技术造就产品。
- ★ 没有完美的品质,就没有企业的明天。
- ★ 品质、品位、品行决定品牌。

★ 态度决定一切，细节决定成败。
★ 一件事情，做好了，才算做了。
★ 工作上的消极敷衍，是对自己最大的不负责任。
★ 做事是有风险，可是有时候，不做事风险会更大。
★ 发展不忘稳健，稳健不忘发展。
★ 企业的运行和发展就是一场永不止步的马拉松，需要智慧，更需要毅力和韧劲。
★ 风险来自你不知道自己正做什么。
★ 技术革新必须与市场相结合，才会产生真正的效益。
★ 公司最大的资产是人。
★ 企业的高效运行在于严格的规章制度。
★ 合格的领导不但要自己成为专家，更重要的是，让自己的部下成为更好的专家。
★ 领导者是决策者，但同时还应扮演教育家、裁判员、运动员、服务员、学习者等多重角色。
★ 管理就是沟通，沟通，再沟通。
★ 管理就是把复杂的事情简单化，把混乱的事情规范化。
★ 管理就是合理地配置资源，使"人、财、物"发挥最大效能。
★ 市场就是企业的主战场，公司的一切始于市场营销。
★ 品牌寓于文化，经营重在人心，资源贵在整合，矛盾多是误会。
★ 唯具有忧患意识，才能永远长存。
★ 成功没有魔法，也没有点金术，人文精神永远是创新的源泉。

★ 理论是灰色的，唯实践与行动之树常青。

★ 发生任何问题，先从自己身上找原因，要善于"跟自己较真"。

★ 同业竞争者是队友，而非对手。共生共赢，才会推动行业更大、更规范的发展。

★ 单个的企业只是一棵"树"，众多业内企业联合才会形成森林，只有森林才能改变气候。

★ 同行不是冤家，也并非一定要"你死我活"，竞争也可以"双赢"。

★ 先对自己负责，才有可能对别人负责。

★ 在自己的工作范围内，追求卓越、力求完美是必须的。

★ 学习不仅是技术问题，更是战略问题。选择师傅很关键，"高徒择名师"。

★ 作为决定座位，布局决定结局。

★ 成功的秘诀是：谦虚，认真，方法。

Part Five

第五部分

康力电梯 2021 年变革以来的文化及解读

1. 愿景：承载人与梦想，丰富智慧生活

[释义解读]

承载人与梦想

电梯作为一种特殊和现代的交通工具，首先承担着人们在楼宇、轨道、景物等使用场景的安全、可靠、舒适、耐久、环保的基本运输功能。

电梯承载的不仅仅是人和物，也同样承载着康力人以电梯为终身事业的希望和梦想。未来的世界是万物互联的世界。未来的电梯是人与人、人与物、物与物之间相互联结的全新载体与媒介之一。万物有灵，电梯亦承载人的精神、人的文化和人类文明，我们康力人让电梯"承载人与梦想"，推动人类文明的进步。

不止电梯，还有梦想，康力电梯要在持续践行社会责任中成就行业追求和永续经营。

丰富智慧生活

人类在不断进步，人类的进步体现在最基础的安全之上

的舒适、快乐、幸福的沟通与生活。

电梯与人们是互动、交互的，不是一个生硬的机器，而是一个具有灵魂和生命力的机器，通过对技术、人性、娱乐、文明的承载，丰富人们的行动与衣食住行，满足人们对美好生活的向往。

未来智能化的社会中，康力人赋予电梯更加先进的感知技术、连接技术、计算技术等，实现电梯网络的数字化、AI化、智慧化，使人们在短暂的乘梯停留中，丰富生活场景，提升幸福、难忘、留恋的体验感，使电梯成为人们生活中离不开且不可或缺的一部分，让人们在乘坐电梯的每一秒中"丰富智慧生活"。

康力电梯的愿景

2. 使命：提升用户体验，赋能产业生态，锻造世界品牌

[释义、解读]

提升用户体验

用户的体验得益于对生活的体验。在短暂的乘梯时间里，电梯关注不同的使用场景、不同的人如何使用电梯，聚焦对不同的人的理解和体验，如关注盲人、孕妇、小孩、病人等人群的舒适、便捷和体验感。

致力于为用户创造价值，以创新手段满足人们在乘梯时的科技与时尚需求。

持续进行技术创新，通过优质的产品和服务提升用户体验，让客户满意是我们检验工作的唯一标准。

赋能产业生态

康力坚持做合格、守法、符合行业规则的企业。

康力要推动行业规则、产业环境、价值链及生态链的进步。

与供应商和合作伙伴一起奋斗，与大学、科研院所保持开放的合作，推动电梯产业的科技进步。

宇宙、地球、人类、机器之间的生态，是关联、和谐、共荣共生的大生态。

使命意识、责任担当和能力达成是我们的承诺，在产业体系和规则建设上，持续努力，赋能与引领更健康、更持续、更美好的产业生态，致力于产业生态的组织、格局和秩

序的建设。

锻造世界品牌

品牌意味着质量，质量造就品牌。在研发、设计、制造、售后服务等方面，不断满足客户需求、塑造用户体验，康力用心提升质量，用质量锻造世界品牌。

世界品牌：康力不仅为中国人民服务，也必然为全球人民服务，向全世界提供高质量的产品和服务，不断锻造世界品牌，我们更珍惜维护这个品牌。

锻造：康力把用户的需求和利益放在第一位，通过持续不断地提供与时俱进、符合科技进步的电梯，为世界人民服务，与跨国企业一起，推进世界电梯产业的进步，从中国品牌到世界品牌，再到世界一流品牌。

持续不断地锻造品牌，成为受人尊敬的世界级品牌。

我们康力人敢于担当世界级品牌的责任，对行业生态链做出持续贡献。

康力电梯的使命

3. 核心价值观：以客户为中心，以奋斗者为本，长期艰苦奋斗，坚持自我改进

[释义、解读]

以客户为中心

为客户创造价值、为客户服务是康力生存的唯一理由，客户需求是康力发展的原动力。

尊重、充分理解、及时响应客户需求，以客户需求为导向，驱动产品进步，驱动公司发展，为客户提供高质量的产品和服务，持续优化从客户需求到客户满意的全过程管理。

与合作伙伴一起共同为客户赋能，与合作伙伴共生、共卓越，一起为客户服务。

通过持续不断的变革，提升端到端的管理体系和管理能力，降低端到端的管理成本，提升产品竞争力，使更多的用户能够使用康力的产品。

从以解决内部矛盾为主的管理转向解决外部矛盾的管理；从以技术为中心的管理转向以客户为中心的管理。

客户是我们的衣食父母，把客户服务好，客户才会持续购买我们的产品；客户需求在变，我们必须抓住行业的发展趋势，持续不断满足客户的需求。

我们全体康力人只有以客户为中心，企业才能充满活力，才能找到发展的方向。

以奋斗者为本

企业真正的核心资产是为企业奋斗的人,是为客户创造价值的人。

以成就客户为先的奋斗者,是康力价值创造的主体,是公司最大的财富,是实现"力出一孔,利出一孔"的根本保障。

关注奋斗者,让员工成为奋斗者,创造更大的价值,要给他们应有的回报。

从物质到精神层面,给员工赋予能量、成长的粮食。

我们全体康力人坚持建立高绩效、奋斗的文化,多劳多得。只有通过一次性把事情做对,坚持工作业务的改进,才能实现高绩效,实现工作目标,才能有很好的回报。

对懒惰者的宽容就是对奋斗者的惩罚,敢于用规则淘汰懒惰者,长期保护奋斗者。

康力坚持建立透明、公开的激励导向,用规则保护奋斗者的成长,让公司所有的浪费和贪腐不发生,对优秀贡献者加大激励。

长期艰苦奋斗

企业组织存在久了,活力会减退,组织不适应业务发展,组织惯性阻碍企业进步,员工的技能也不适应业务发展的需要。

面对不确定性和新的挑战,面对客户需求的不断升级,企业要坚持不断地进步。社会、技术、行业、竞争对手在进步，竞争对手的进步将打败不求进取的自己，我们只有学习快，才能进步快，才能赶上和超越竞争对手。

我们要组织学习，我们要自我学习。只有学习得快，才能进步得快。学习与进步除了自己主动求进，组织推动也是必需的。

我们深知熵增是在不知不觉中产生的，熵减是要通过努力和付出才能达成的，长期艰苦奋斗就是持续熵减。

首先是思想上的艰苦奋斗。比起身体上的艰苦奋斗，思想上的艰苦奋斗更有意义，更能创造出价值。

企业进步、发展了，我们容易骄傲，所以要提倡艰苦奋斗。为了实现公司的伟大愿景，我们必须长期艰苦奋斗。

企业的发展是一场永无止境的马拉松，我们康力人唯有长期弘扬和坚持艰苦奋斗才能不断打破既有优势，以开放式的姿态追赶潮流、追求卓越。

坚持自我改进

真正的强大，都是从敢于否定自己开始的。我们康力人坚持保持警醒、清醒的头脑，持续自我审视、自我批评，这是建设和优化核心竞争力的坚实保障。

我们坚持向对手学习，向标杆学习，向合作伙伴学习，向公司优秀的奋斗者学习。

如果不坚持自我改进，就会骄傲自满，会停留在原有的偏见、习惯、认知中去工作。

我们只有不断地打破原有的认知局限，知道自己不知道，学习先进的思想，才能找到改进的方向。

我们只有不断探索业务本质，探索和运用真理，用理论指导实践，又从实践中总结进步，才能不断精进。

康力电梯的核心价值观

康力电梯股份有限公司发展历程

1. 创业成长

1997年10月：股份公司前身苏州康力电梯有限公司成立。

2001年12月：康力电梯被江苏省科技厅认定为江苏省民营科技企业。

2002年3月：康力先后通过ISO9001:2000质量管理体系认证、ISO14001:2004环境管理体系认证。

2003年4月：康力电梯与中国建筑科学院建筑机械化研究分院合作组建康力电梯研发中心。

2004年8月：康力电梯取得国家质量监督检验检疫总局颁发的特种设备制造、安装改造维修A级资质。

2004年9月：康力电梯取得由法国国际检验局颁发的CE证书，拿到通往欧洲及其他海外市场的通行证。

2004年11月：康力电梯与南京工业大学电梯技术研究所组建南京工业大学康力研发基地。

2005年11月："康力"商标被认定为中国驰名商标。

2. 快速发展、崭新平台

2006年6月：康力电梯被科学技术部认定为国家火炬计划重点高新技术企业。

2006年9月：康力电梯占地8万平方米的二期工程厂房动工。

2007年10月：康力电梯获得韩国KC认证、俄罗斯电扶梯GOST认证、哈萨克斯坦电梯GOST认证，康力产品获得通往韩国、俄罗斯等国际市场的通行证。

2007年10月：康力电梯股份有限公司成立，标志着康力登上一个崭新的台阶。

2008年1月：康力电梯在北京人民大会堂成功召开"康力2008年全球工作年会暨新产品推荐会"。

2008年10月：公司获评高新技术企业。

2008年11月：康力电梯主编的《杂物电梯制造与安装安全规范》（国家新标准）顺利通过全国电梯标准化技术委员会审核，由国家质检总局和国家标准委员会发布执行。

2008年12月：康力电梯中标苏州轨道交通一号线199台重载公交型自动扶梯，是内资企业首次全线中标国内轨道交通项目。

2009年5月：康力电梯中标江西南昌昌北机场自动扶梯和自动人行道项目，这是国产品牌电梯首次中标省会机场项目，结束外资品牌在机场项目中的垄断局面。

2009年6月："康力电梯-浙江大学院士工作站"正式成立，不断深化产学研合作。

2009年9月：康力电梯为"龙之梦"项目提供包括6米/秒高速梯在内的669台电梯，突破内资品牌在高端市场的瓶颈。

2009年9月：获批江苏省高速电梯及关键部件工程技术研究中心。

2009年12月：康力电梯IPO经中国证券监督管理委员会发审委审核通过。

2010年3月：康力电梯在深交所上市，股票代码002367，成为中国电梯业首家上市企业。

2010年9月：康力电梯成功研制出国内首款拥有完全自主知识产权的KLK2型7米/秒超高速电梯，实现中国电梯技术的重大突破。

2010年10月：全资子公司中山广都机电有限公司奠基。

3. 腾飞

2011年2月：全资子公司苏州新里程电气有限公司成立并投产。

2011年10月：康力电梯企业技术中心被国家五部委联合授予"国家认定企业技术中心"称号，成为中国电梯行业首家获此殊荣的内资企业。

2011年11月：康力电梯KLK2型6米/秒超高速电梯（最高速度达7米/秒）在上海龙之梦雅仕大厦成功实现商业运行。

2012年3月：成都康力电梯有限公司节能电梯产业园

奠基。

2012 年 10 月：康力电梯 15 周年庆典暨康力电梯吴江零部件产业园奠基。同月，董事长王友林先生的著作《求索》一书由复旦大学出版社正式出版。

2013 年 3 月：康力电梯主体结构高度为 288 米的新试验塔暨科技大楼奠基。

2013 年 6 月：获评江苏省信息化与工业化融合示范企业。

2013 年 12 月：康力电梯举行张家界天门山观光隧道自动扶梯交付运行新闻发布会。

2013 年 12 月：康力电梯荣获 2013 年第二届全国建筑机械与电梯行业质量金奖。

2014 年 1 月：康力电梯连续 6 年（2008—2013 年）获得政府采购电梯自主创新品牌荣誉。

2014 年 6 月：创建博士后科研工作站。

2014 年 12 月：康力电梯董事长王友林先生应中国经贸代表团邀请，随同李克强总理访问哈萨克斯坦，参加中哈企业家代表委员会第二次会议并作主旨发言。

2015 年 1 月：康力电梯张家界天门山观光隧道自动扶梯项目荣获 2014 年度《电梯世界》"电梯世界工程奖"一等奖。

2015 年 1 月：获评江苏省管理创新优秀企业。

2015 年 5 月：康力电梯获苏州市市长质量奖，成为苏州电梯行业唯一获该荣誉的电梯企业。

2015 年 6 月：获评江苏省创新示范企业。

2015 年 10 月：康力电梯登陆纽约时代广场，展示中国品牌形象。

2015年11月：王友林董事长应邀出席2015年APEC工商领导人峰会。

2016年1月：康力电梯蝉联2016年度中央国家机关电梯定点采购供应商。

2016年1月：康力电梯培训中心成立，2016级分公司总经理班第一期开班。

2016年8月：康力电梯全资子公司广东康力电梯有限公司揭牌仪式在中山市举行，此举意味着由中山广都机电有限公司更名的广东康力电梯有限公司正式对外宣告成立，亦是康力电梯发展历程中一个标志性举措。

2016年11月：康力电梯董事长王友林应邀出席2016年APEC峰会，现场聆听习近平主席演讲。

2016年12月：康力电梯荣登2016年"中国品牌价值评价信息"榜单，品牌价值43.63亿元，位列"机械制造类"榜单第7名。

2016年12月：康力电梯战略携手百度，利用物联网技术打造"智慧电梯"。

2016年12月：康力电梯董事长王友林当选中国国际商会副会长。

2017年1月：康力电梯荣获2016年江苏省质量奖，这是江苏省内规格最高的质量奖项。

2017年3月：康力电梯连续第5年入围中国房地产开发企业500强首选供应品牌榜单，排名第7。

2017年3月：康力电梯董事长王友林受邀出席中国-澳大利亚经贸合作论坛。

2017年5月：康力电梯荣膺"2017值得资本市场关注的房地产服务商"称号。

2017年8月：康力电梯荣获"2017中国年度影响力房地产供应商"称号。

2017年8月：康力电梯投资的机器人公司康力优蓝YOYO成为第十三届全运会主火炬手。

2017年9月：作为中国国际商会副会长，公司董事长王友林应邀出席在厦门举行的2017年金砖国家工商论坛，现场聆听习近平主席演讲。

2017年9月：康力电梯实力登榜"全球Top10电梯制造商"，是行业首个进入全球10强的中国自主品牌。

2017年10月：康力电梯20周年庆典隆重举行。

2017年12月："电梯永磁同步曳引机系统关键系统及应用"获得中国商业联合会全国商业科技进步奖一等奖。

2018年3月：康力电梯连续第6年入围"中国房地产开发企业500强首选电梯供应商"。

2018年5月：由国家市场监督管理总局指导，中国品牌建设促进会、中国国际贸易促进委员会等单位联合权威发布"2018中国品牌价值评价信息"榜单，康力电梯以68.65亿元品牌价值稳居自主品牌首位，品牌价值较上一届评价结果增长57%。

2018年5月：参加国家重点研发计划"典型高耗能工业设备节能NQI技术集成及应用示范"项目。

2018年6月：通过CNAS国家实验室认可。

2018年7月：王友林董事长荣获"江苏省科技企业家"

称号。

2018年7月：承担江苏省科技成果转化专项资金项目"超高速高性能电梯减振降噪设计关键技术研发及其产业化项目"。

2018年8月：获评国家知识产权优势企业。

2018年11月："高性能高可靠与高舒适电梯自主设计制造关键技术及产业化"获得浙江省科技进步一等奖。

2018年12月：获批江苏省示范智能车间。

2018年12月：康力电梯二度登榜"全球Top10电梯制造商"，是行业首个也是唯一进入全球十强的中国自主品牌。

2018年12月：获评江苏省省级服务型制造示范企业。

2018年12月："10 m/s超高速电梯的关键技术及创新"获得江苏省科技创新成果转化一等奖。

2019年1月：康力电梯荣获"2018年度政府采购电梯服务十强供应商"称号，这是公司连续第十年获评政府采购年度大奖。

2019年3月：获评江苏省工业互联网发展示范企业（平台类）。

2019年5月：新华社、经济日报社、中国国际贸易促进委员会、中国品牌建设促进会、中国资产评估协会等权威机构联合发布"2019中国品牌价值评价信息"榜单，康力电梯以72.70亿元品牌价值，居中国电梯业前列。

2019年6月：参与国家重点研发计划"'互联网+'产品定制设计方法与技术"项目。

2020年1—2月：面对新冠疫情，康力电梯积极参与抗疫工作，先后向武汉市慈善总会捐款 100 万元、向苏州市吴江区慈善基金会捐款 50 万元，支援抗疫；同时利用自身技术优势，及时推出无接触乘梯解决方案、轿厢消毒解决方案。

2020 年 2 月：获评长三角 G60 科创走廊工业互联网标杆工厂。

2020 年 3 月：康力电梯开展庆祝上市 10 周年系列活动，十年成就、跨越式发展，引发各方广泛关注。

2020 年 5 月：康力电梯荣耀入选"中国品牌日·我为中国品牌代言"百强品牌，"走进"两会，为中国品牌代言。

2020 年 7 月：组建"谭建荣院士团队创新中心"。

2020 年 8 月，"2020 全球电梯产业峰会"上，康力电梯连续第 4 年入选"全球 Top10 电梯制造商"，是唯一一位列全球前十的中国电梯品牌，王友林董事长荣获 2020 年度"影响力人物"称号。

2020 年 9 月：获评江苏省"两业融合"绩效评价"优秀企业"。

2021 年 3 月：康力电梯 9 度蝉联中国房企 500 强首选电梯供应商。

2021 年 5 月：康力电梯以 79.18 亿元继续高居"中国品牌价值评价信息"榜单中国电梯行业首位。

2021 年 9 月：康力 7Q7C 质量管理模式的实施经验获评为全国质量标杆。

2021 年 10 月：康力电梯连续第 5 年跻身"全球 Top10 电梯制造商"榜单，是其中唯一的中国品牌。

2021年12月：康力公共交通型自动扶梯获得江苏精品认证。

2021年12月：康力获评江苏省绿色工厂。

2022年3月：康力电梯10度蝉联中国房企500强首选电梯供应商，高居前4位。

2022年5月：住房和城乡建设部主管的房地产类权威行业媒体《中国房地产报》隆重推出"中国房地产供应商品牌力指数"，其中电梯类Top10榜单上，康力电梯以品牌力指数505.6稳居行业头部，继续领衔中国电梯品牌高质量发展。

2022年7月：康力电梯实力赢得成都地铁31.84亿元超级轨交大标。

2022年7月：获评"苏州制造"品牌登峰企业。

2022年9月：在新华社、中国品牌建设促进会等权威机构联合发布的2022年"中国品牌价值评价信息"榜单上，康力电梯以80.77亿元品牌价值继续稳居中国电梯品牌榜前列。

2022年8月：康力获得"五星上云企业"认定。

2022年9月：康力电梯连续第6年跻身"全球Top10电梯制造商"榜单，是其中唯一中国电梯品牌。

2022年9月：高速电梯获江苏精品认证。

2022年9月：获评江苏省创新型领军企业。

2022年12月：基于"物联网+大数据"的扶梯安全乘运自诊断系统获评江苏省人工智能融合创新产品和应用解决方案。

2023年2月：康力电梯荣获"政府采购20年20大优秀

供应商"称号，是唯一入选的中国电梯品牌。

2023年3月：康力电梯连续第11年跻身"房建供应链综合实力Top500首选供应商·电梯类"10强，2023年高居前4位。

2023年6月：康力电梯以136.89亿元品牌价值，跻身"中国500最具价值品牌"榜单，继续领跑中国电梯品牌榜。

2023年7月：康力电梯连续第7年跻身"全球Top10电梯制造商"榜单，2023年高居第9位。

2023年8月：康力获评江苏省工业互联网标杆工厂。

2023年10月：康力电梯总裁朱琳昊受邀出席"一带一路"企业家大会，与来自82个国家和地区的各界代表1 200余人共襄盛举，擘画未来。

2023年10月："高端电梯个性化智能定制设计制造关键技术及系列产品产业化应用"获得机械工业科学技术奖二等奖。

2023年11月：康力获评工业产品绿色设计示范企业。

To the Author

出版寄语

胸怀家国　再创辉煌

  友林董事长是我近三十年的挚友。目睹康力由草创到辉煌，再读《求真——我的三十年创业感悟》，眼前展现的不仅仅是一个企业的成长，更是一个企业家的自我升华。

  企业家（entrepreneur）是企业的灵魂，企业家精神（entrepreneurship）则是企业家概念抽象和延伸到行为学、心理学、社会学等领域的另一种表述形式。《求真——我的三十年创业感悟》一书，以鲜活的案例佐证和补充了理查德·坎蒂隆（Richard Cantillon）、彼得·德鲁克（Peter Drucker）等经济和管理学大师们有关企业家精神与企业发展的理论；以创业三十年的心路历程，再现了家国情怀、使命担当、追求卓越、创新逐梦等塑造和升华企业家精神的重要意义。我相信，此书的出版一定会给读者带来诸多启示。

  长风破浪会有时，直挂云帆济沧海。我坚信，只要我们企业家胸怀家国、创新不懈，定会引领自己的企业到达理想的彼岸！

强永昌

复旦大学国际贸易研究中心　主任、教授、博士生导师

向上，向前，向好，向强

王友林先生是一位令人敬佩的企业家，他的创业精神和贡献值得我们高度赞扬。在改革开放的大潮中，他坚忍不拔，创立了康力电梯，并带领公司不断发展壮大，为我国电梯产业做出了巨大贡献。他敢为人先，勇于抓住机遇，始终坚持知行合一，走在向上、向前、向好、向强的正确道路上。他对用户的关爱、对员工的付出、对合作伙伴的诚信以及对政府的感激，都体现出他深厚的感恩情怀和强烈的社会责任感。

在未来的发展中，一如书中所言，康力公司将继续秉持"以客户为中心，以奋斗者为本，长期艰苦奋斗，坚持自我改进"的价值观，为提升用户体验、锻造世界品牌、赋能产业生态而努力。

王友林先生的创业精神将成为康力人继续勇毅前行的动力，激励他们在持续成长、高质量发展中，不断挑战不可能，为承载人与梦想、丰富智慧生活而奋斗。在他下海创业30周年之际，我要再次向王友林先生表示衷心的感谢。他的创业故事为我们树立了一个值得尊敬的典范，他为保持组织活力而锐意变革，让我们看到了中国企业家在奋力带领企业成长中所展现出的担当精神和坚韧品格。希望康力电梯在未来的日子里，继续引领中国电梯产业的发展和繁荣，为祖国的富强做出更多贡献。

范厚华

深圳传世智慧科技有限公司　创始人、总裁

乘风破浪，继往开来

王友林董事长历经 30 年踔厉奋发，从入行创业、上市腾飞，到高质量发展，踏着时代步伐筚路蓝缕前行，创造了国产电梯品牌多项第一，用奋斗者足迹践行了初心使命，积累了丰富经验和宝贵财富，实现了康力电梯主营收入不断超越，成为中国电梯业的优秀企业家。

改革开放至今，中国电梯行业经历了起步期、发展期、高速增长期，到如今的饱和期，全国在用电梯超过 1 000 万台，市场将进入平稳发展期，竞争格局已从增量市场转变为存量市场，需要企业质量观念从"产品合格率"转变为"用户满意度"，遵循市场导向经营，在"始于用户需求，止于用户满意"实践中创造价值，推动企业转型升级，前后市场并重，为用户提供电梯全生命周期的服务解决方案，适时启动第二成长曲线，实现持续发展。

王友林董事长作为 60 后是幸运的、成功的、受尊敬的，在人生黄金年龄段的康力电梯掌舵人，传承康力电梯经营管理的成功经验，审时度势研判未来发展，主动求变支撑行稳致远，为梦想长风破浪会有时，再出发直挂云帆济沧海，带领康力人在高端、智能、绿色道路上继往开来，续写康力电梯的春天故事,与康力人共创美丽春天,共享美好生活。

以此寄语王友林董事长的《求真——我的三十年创业感悟》。

侯宝佳

中国建筑科学研究院有限公司　研究员

筚路蓝缕，玉汝于成

友林是我的学生，他30年来身经百战、踏平坎坷、战胜艰险持续高质量发展的艰辛历程，令人尊敬，更让我欣慰。

《求真——我的三十年创业感悟》真实、生动地再现了康力电梯"从无到有，由小到大，由弱变强""星星之火，可以燎原"的企业发展史，是一曲敢于挑战、敢于领先、"不到长城非好汉"的胜利颂歌，更是"创新发展，深化覆盖，服务高端"的企业宣言。

凌晓仙

中国管理科学研究院学术委员会　特约研究员

致敬与感恩

父亲30岁下海创业，是典型的伴随改革开放成长起来的创业者，时光荏苒，如今30年过去了，他也到了60岁花甲、耳顺之年。

当这本泛着墨香的《求真——我的三十年创业感悟》书稿呈现在我面前时，内心深厚的敬意与浓浓的感恩之情油然而生。掩卷而思，于我而言，除了一如外界一般对父亲坚忍不拔、锐意进取、执着梦想、产业报国、永不言败等创业精神的肯定与赞赏外，更多是感受到父亲的艰苦朴素、诚信善良以及对子女坚如磐石的谆谆教诲和无微不至的呵护与关爱。

30年，父亲凝聚心血，用使命、责任和担当，抒写了一部康力电梯的成长史。在书稿付梓之际，在致敬与感恩的同时，亦勉励自己，像父亲一样勤勉务实，用行动和成绩回报社会，做一个普通但有价值的"大写"的人。

朱琳懿

康力电梯股份有限公司　副总裁

永远是出发者

  本书《求真——我的三十年创业感悟》的作者王友林董事长是我的父亲，在他创业之初的1993年，我还不满一周岁。伴随孩提时代的记忆和我一路成长的，是父亲创业的艰辛和康力电梯步步为营、迅速崛起的成长，而更重要的是父亲潜移默化的言传身教，坚韧、梦想、达观、责任，这些都深深地融进我人生和事业的血液里。

  30年，仅仅是历史长河的一瞬间，但却是父亲对康力公司、电梯事业夙兴夜寐、不懈追求的全部。站在父亲创业30年、康力电梯26年的门槛上，我们没有妄自菲薄，更没有妄自尊大，而是对未来的发展更加坚定自信、坚毅果敢。

  赓续康力创业精神，不惧挑战续写发展，未来路上，我们永远是出发者。

  以此为寄语并自勉。

朱琳昊

康力电梯股份有限公司　总裁

图书在版编目(CIP)数据

求真:我的三十年创业感悟/王友林著. —上海:复旦大学出版社,2023.12
ISBN 978-7-309-17060-3

Ⅰ.①求… Ⅱ.①王… Ⅲ.①电梯企业-工业企业管理-经验-中国 Ⅳ.①F426.61

中国国家版本馆 CIP 数据核字(2023)第 221909 号

求真——我的三十年创业感悟
QIUZHEN——WO DE SANSHI NIAN CHUANGYE GANWU
王友林 著
特邀编辑/崔清华
责任编辑/李 荃

复旦大学出版社有限公司出版发行
上海市国权路 579 号 邮编:200433
网址:fupnet@fudanpress.com http://www.fudanpress.com
门市零售:86-21-65102580 团体订购:86-21-65104505
出版部电话:86-21-65642845
上海盛通时代印刷有限公司

开本 890 毫米×1240 毫米 1/32 印张 5.5 字数 114 千字
2023 年 12 月第 1 版
2023 年 12 月第 1 版第 1 次印刷
印数 1—11 000

ISBN 978-7-309-17060-3/F·3009
定价:68.00 元

如有印装质量问题,请向复旦大学出版社有限公司出版部调换。
版权所有 侵权必究